Brigitte E. Kochenburger

Bastelbögen für den Religionsunterricht

Band 1:
Die Schöpfung – Isaaks Familie – Das Goldene Kalb – Die Goldene
Regel – Die Verleugnung durch Petrus – Die Botschaft der Engel
am leeren Grab – Das Pfingstereignis – Die Kirche – Eine große
Gemeinde – Der Friedhof – Der Lebensbaum – Symbole: Die Tür

calwer materialien

ISBN 3–7668–3822–9

Internet: www.calwer.com
E-Mail: info@calwer.com

Inhalt

Einleitung

Mit dem ersten Band der Reihe »Bastelbögen für den Religionsunterricht« möchten wir Ihnen Material für den ganzheitlichen und vor allem kreativen Religionsunterricht anbieten.

Es kann im Religionsunterricht in der Grundschule und z. T. auch in der Sekundarstufe I eingesetzt werden. Die einzelnen Arbeits- und Schnippelbögen können in bestehende Unterrichtseinheiten integriert, aber auch unabhängig vom Thema zusammen mit den Schülerinnen und Schülern erarbeitet werden.

Alle Themen und Materialien dieses Heftes sind einheitlich gestaltet:

◼ Eine **Lehrerinfo** gibt zu jedem Thema Auskunft über den »thematischen Zusammenhang«, die »Klassenstufe« und die benötigte Zeit. Die Angabe zum »Zeitaufwand« ist ein Richtwert und kann je nach Klasse variieren. Unter dem Stichwort »Arbeitsmittel« finden Sie die Materialien, die die Schülerinnen und Schüler für die Gestaltung des Arbeitsbogens benötigen. Anschließend gibt es eine ausführliche Beschreibung für die »Durchführung« der Unterrichtsstunde(n). Unter diesem Stichpunkt gibt es Hinweise zur Erstellung des Arbeitsbogens, Arbeitsanweisungen und evtl. Aufgabenstellungen zum Thema. Bei einigen Themen benötigt man eine »Lösung«, die Sie ebenfalls in der Lehrerinfo finden. Schließlich gibt es noch eine oder mehrere »Variationsmöglichkeiten«, so dass dem individuellen Umgang mit den Materialien nichts entgegensteht. Die »Praxistipps« am Ende der Lehrerinfo sind für junge Lehrer/innen gedacht oder auch als – manchmal humorvoller – Hinweis, dass man auf alles gefasst sein muss, wenn Kinder sich ans Basteln machen.

◼ Nach der Lehrerinfo folgt der eigentliche **Arbeitsbogen** für die Schülerinnen und Schüler. Er enthält z. T. Geschichten, Gebete, allgemeine Texte oder Bilder, die zum Thema passen. Auf diesen Arbeitsbogen werden die Bestandteile des entsprechenden Schnippelbogens geklebt. Die Arbeitsbögen enthalten bewusst keine Arbeitsanweisungen oder Aufgaben, damit die Lehrerinnen und Lehrer sie nach eigenen Vorstellungen einsetzen können. Wer dennoch Arbeitsanweisungen benötigt, findet diese in der Lehrerinfo.

◼ Der **Schnippelbogen** ist ebenfalls als Kopiervorlage gedacht. Man benötigt einen Schnippelbogen pro Schüler oder Schülerin.

◼ Aus ökologischen Gründen steht die **Bastelanleitung** zu den Arbeitsbögen auf einem gesonderten Blatt. Ein verantwortungsvoller Umgang mit der Schöpfung kann nämlich auch dadurch erreicht werden, dass man Arbeitsmaterial für den Unterricht einspart, wenn es möglich ist. Ein Bastelbogen wird nur zum Basteln benötigt und kann nach dem Basteln wieder eingesammelt werden. Er muss also nur ein einziges Mal als Klassensatz kopiert werden. Für die ganz sparsamen Lehrerinnen und Lehrer reicht es auch aus, den Bastelbogen auf eine Folie zu kopieren. Diese wird dann während des Unterrichts auf den Tageslichtprojektor gelegt. Beim Kleingruppenunterricht schließlich kann man den Bastelbogen auf DIN A 3-Größe kopieren und ihn auf den Tisch legen bzw. an die Tafel heften.

Bitte beachten Sie, dass es nicht zu jedem Thema dieses Schnippelheftes eine Bastelanleitung gibt. Bei sehr einfach zu erarbeitenden Themen bzw. bei Themen für die erste und zweite Jahrgangsstufe (d. h. wenn die Schülerinnen und Schüler mit dem Lesen einer Bastelanleitung überfordert wären) finden sich genaue Anweisungen in den entsprechenden Lehrerinfos.

Die Schöpfung – Lehrerinfo

Thematischer Zusammenhang
- Die Bibel
- Die Schöpfungsgeschichte
- Geschichten aus dem Alten Testament

Klassenstufe   *Zeitaufwand*
ab 3   45–90 Min.

Arbeitsmittel

- Einen Klassensatz Bibeln (Einheitsübersetzung) bzw. den Schöpfungstext (Gen 1,1–2,4a).
- Pro Schüler je ein Arbeitsbogen »Die Schöpfung« sowie »Die Schöpfung – Schnippelbogen«.
- Eine Bastelanleitung für je zwei Schüler, die am Ende der Stunde wieder eingesammelt werden kann.
- Schere (evtl. Bastelmesser), Kleber und Farbstifte.
- Evtl. einen kleiner Klebepunkt pro Schüler/in.

Durchführung

- Erarbeitung der Schöpfungsgeschichte und Einteilung in das 7-Tage-Schema. Dazu benötigen die Schüler/innen den Schöpfungstext.
- Austeilen des Arbeitsbogens »Die Schöpfung« und des Schnippelbogens.
- Lesen des Textes.
- Eintragen der sieben Schöpfungstage auf dem Schnippelbogen und dem Arbeitsbogen.
- Austeilen der Bastelanleitung.
- Zuerst den Schnippelbogen; anschließend den Arbeitsbogen mit Hilfe der Bastelanleitung schrittweise erarbeiten.
- Den fertigen Schnippelbogen auf den fertig ausgemalten Arbeitsbogen aufkleben. Dabei darauf achten, dass sich die sechs Dreiecke aufklappen lassen, damit das siebte Bild auf dem Arbeitsbogen sichtbar gemacht werden kann.

- Die sechs Dreiecke wölben sich nach oben, was sich aber nach einer Weile legt, wenn der fertig gestaltete Arbeitsbogen im Religionshefter liegt. Man kann aber auch einen kleinen Klebepunkt in der Mitte der sechs Dreiecke aufkleben, um unschöne Knicke zu vermeiden.

Lösung des Arbeitsbogens

In die sieben Textfelder (6 Textfelder auf dem Schnippelbogen; 1 Textfeld auf dem Arbeitsbogen) werden die sieben Tage der Schöpfung eintragen:

1. Tag: Tag und Nacht

2. Tag: Das Himmelsgewölbe

3. Tag: Das Land und das Meer

4. Tag: Sonne, Mond und Sterne

5. Tag: Vögel und Wassertiere

6. Tag: Tiere des Landes und die Menschen

7. Tag: Der Ruhetag

Praxistipp

Den Schüler/innen nie sagen, welche Fehler ihnen beim Basteln unterlaufen können, da es sonst unter Garantie jemanden geben wird, dem genau diese Fehler unterlaufen.
Besser: Die einzelnen Arbeitsschritte geduldig und in kurzen Sätzen erklären und zusätzlich Musterbeispiele in unterschiedlichen Phasen der Fertigstellung zeigen.

Die Schöpfung – Arbeitsbogen

Das Alte Testament beginnt mit dem Buch Genesis, die »Die Entstehung«.
Man nennt es auch das 1. Buch Mose.
Es handelt von der Erschaffung der Welt, der Menschen und des Volkes Israel.
Die erste Geschichte im Buch Genesis heißt: Die Entstehung der Erde.
Im Anfang schuf Gott Himmel und Erde; die Erde aber war wüst und wirr,
Finsternis lag über der Urflut und Gottes Geist schwebte über dem Wasser.

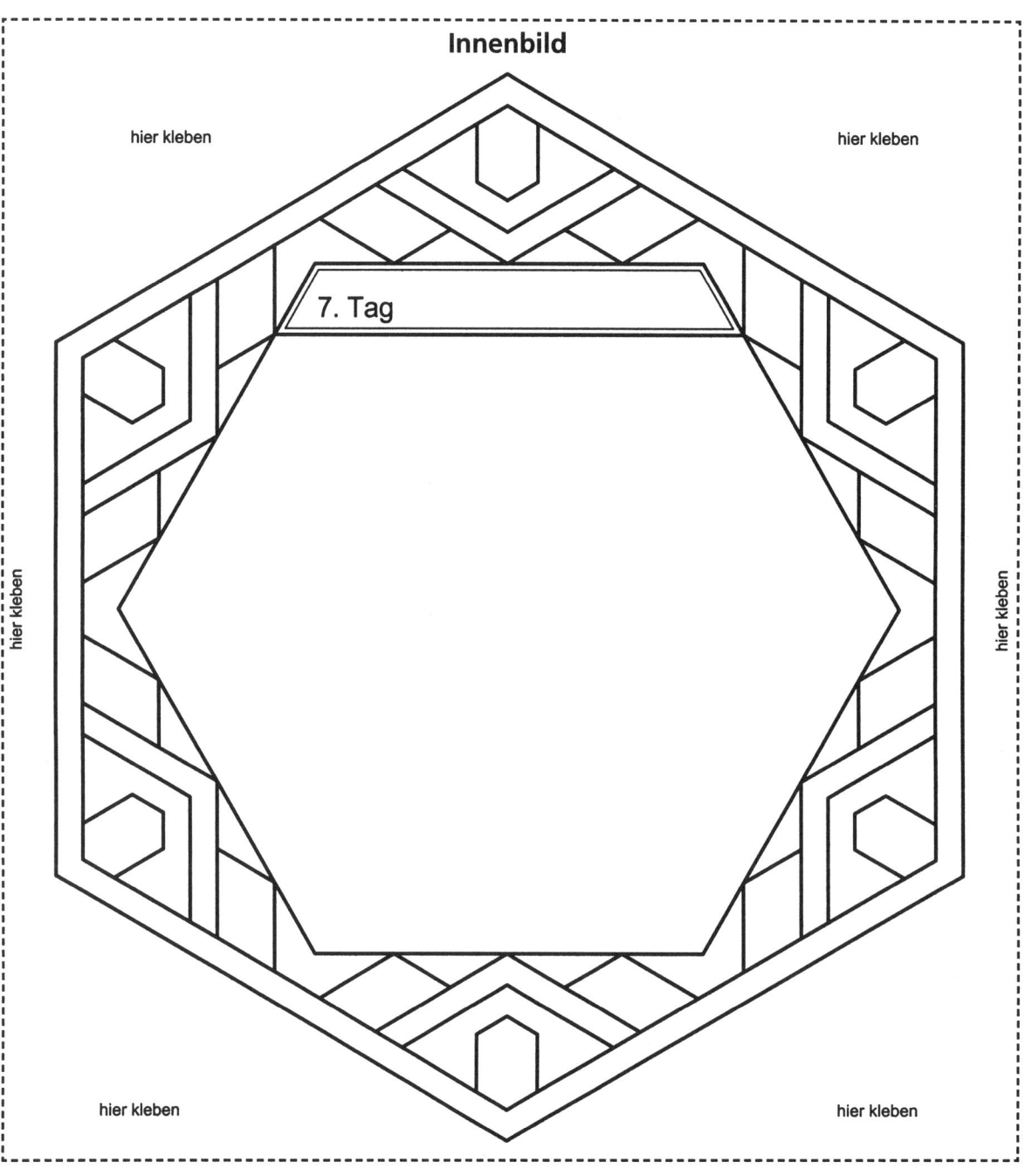

Die Schöpfung – Schnippelbogen

Bastelbeschreibung

a)

b) Dreieck 1 / Dreieck 2 / Dreieck 3 / Dreieck 4 / Dreieck 5 / Dreieck 6

c) Die Schöpfung → Arbeitsbogen

Bild · Bild · Bild · Bild · Bild · Bild · Bild

→ fertiges Außenbild vom Schnippelbogen

Das Außenbild liegt über dem Innenbild.

——— = Schneiden

- - - - = nach außen falten

Textfeld

Außenbild

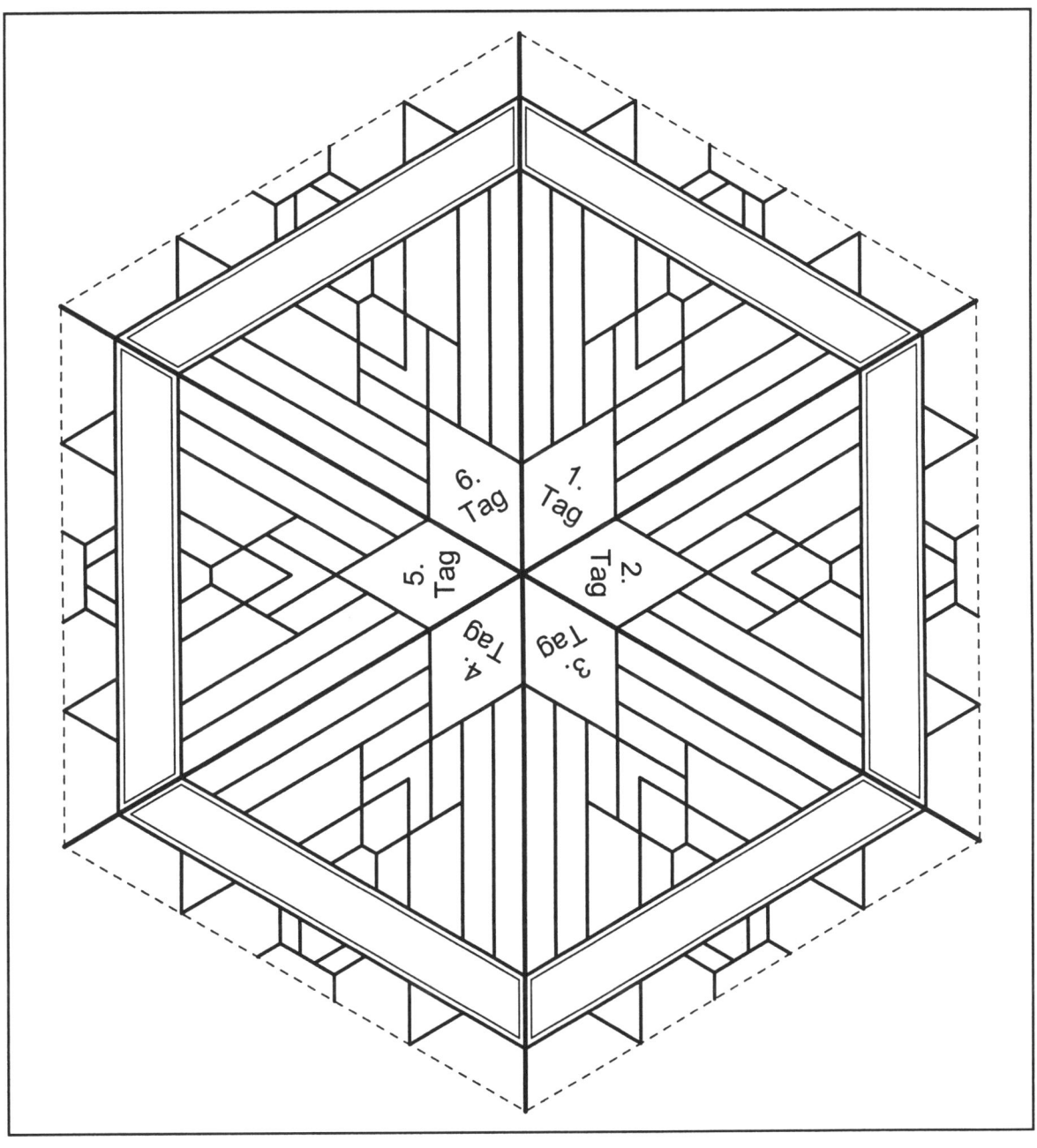

6. Tag · 1. Tag · 5. Tag · 2. Tag · 4. Tag · 3. Tag

Die Schöpfung – Bastelanleitung

1. Trage in die sechs Textfelder auf dem Außenbild des Schnippelbogens die ersten sechs Tage der Schöpfung ein.

2. Trage in das Textfeld auf dem Arbeitsbogen den siebten Tag der Schöpfung ein.

3. Male das Außenbild auf dem Schnippelbogen aus.

4. Schneide das fertig ausgemalte Bild des Schnippelbogens an der dicken Außenlinie aus.

5. Schneide vorsichtig die sechs dicken Linien in der Mitte des Bildes vom Schnippelbogen aus, so wie es bei der Bastelbeschreibung a) zu sehen ist.
   Durch das Schneiden entstehen sechs Dreiecke.

6. Falte die sechs Dreiecke von innen nach außen auf, so, wie es bei der Bastelbeschreibung b) zu sehen ist.

7. Zeichne hinter jedes der sechs Dreiecke ein Bild, das zum jeweiligen Schöpfungstag passt.

8. Male ein siebtes Bild zum letzten Schöpfungstag in die Mitte des Innenbildes auf dem Arbeitsbogen.

9. Klebe das fertig gemalte und beschriftete Außenbild auf das fertig ausgemalte und beschriftete Innenbild auf dem Arbeitsbogen.
   Achte dabei darauf, dass sich die sechs Dreiecke nach außen aufklappen lassen
   → siehe Bastelbeschreibung c).

Isaaks Familie – Lehrerinfo

Thematischer Zusammenhang
- Die Familie als Gottesgeschenk
- Geschichten aus dem Alten Testament
- Jakob und Esau

Klassenstufe
ab 3

Zeitaufwand
45–60 Min.

Arbeitsmittel

- Pro Schüler/in einen Arbeitsbogen »Isaaks Familie«.
- Für jeweils zwei Schüler/innen einen Schnippelbogen.
- Schere, Kleber und Farbstifte.

Durchführung

- Den Arbeitsbogen austeilen, die Geschichte lesen und nach eigenen Gesichtspunkten besprechen.
- Anschließend den Schnippelbogen austeilen und das »Familienbild« ausschneiden.
- Das Familienbild an den Faltlinien wie bei der Bastelbeschreibung a) auf dem Schnippelbogen angegeben falten.
- Auf das gefaltete Familienbild werden die Eltern Rebekka und Jakob gezeichnet, die sich an den Händen halten → siehe Bastelbeschreibung b).
- Das Familienbild auffalten und die Söhne Isaak und Esau zeichnen, die ihre Eltern und sich an den Händen halten → siehe Bastelbeschreibung c). Den Schüler/innen evtl. sagen, dass sie keine Strichmännchen zeichnen sollen. Man kann ihnen vorher Menschen aus der Zeit der Bibel zeigen, damit die Schüler/innen einen Anhaltspunkt zur Gestaltung ihres Bildes haben.
- Das fertig ausgemalte Bild auf den Arbeitsbogen kleben. Dabei darauf achten, dass nur die linke Seite des Bildes aufgeklebt wird, damit man das Bild auf- und zufalten kann.

Variationsmöglichkeit(en)

- Nach der gleichen Art ein Bild von der eigenen Familie gestalten lassen. Da sich die Personen an den Händen halten sollen, ist es wichtig, zunächst die beiden äußeren Personen zu zeichnen. Daher muss der Papierstreifen vor dem Malen gefaltet werden, so dass die linke und die rechte Person nebeneinander stehen. Bei mehr als vier Personen in einer Familie kann man den Papierstreifen auch noch weiter falten.
- Ein Bild der Heiligen Familie gestalten.

Praxistipp

Manche Gestaltungsaufgaben fallen den Schüler/innen zunächst schwer. In diesem Beispiel werden manche Schüler/innen evtl. Probleme haben, Menschen zu zeichnen, die sich an den Händen halten.

In diesen Fällen die Schüler/innen ermuntern, eine Probezeichnung auf einem gesonderten Blatt Papier zu machen. Wenn es dann immer noch nicht klappen will, dann kann die Aufgabenstellung immer noch vereinfacht werden (im Beispiel einzeln stehende Personen zeichnen).

Isaaks Familie (nach Gen 17,17; 25,19–28) – Arbeitsbogen

Abraham und Sara hatten sich lange einen Sohn gewünscht. Sie hatten zu Gott gebetet. Ihr Gebet war erhört worden. Ihren Sohn hatten sie Isaak genannt, das heißt: Er lacht.

Isaak wuchs heran und wurde ein geachteter Mann. Mit vierzig Jahren nahm er Rebekka zur Frau.

Auch Rebekka blieb kinderlos und so betete Isaak zum Herrn, um für seine Frau um ein Kind zu bitten. Gott erhörte Isaaks Gebet und Rebekka wurde schwanger.

Rebekka aber wusste nicht, dass sie Zwillinge bekommen sollte. Die beiden kleinen Söhne stießen einander im Mutterleib. Da machte sich Rebekka große Sorgen um ihre Schwangerschaft. Sie betete zu Gott:

»Herr, bitte sage mir, warum ist mein Leib so schwer? Ist mein Kind krank? Und was soll aus mir werden? Ich werde immer schwerer und schwerer. Vor lauter Sorgen kann ich kaum noch schlafen, Herr.«

Und der Herr gab Rebekka diese Antwort:

»Zwei Völker sind in deinem Leib. Zwei Stämme trennen sich schon in deinem Schoß.

Ein Stamm ist dem andern überlegen. Der ältere muss dem jüngeren dienen.«

Rebekka dankte Gott. Sie verstand seine Worte nicht und dachte lange darüber nach, was sie für eine Bedeutung hatten. Schließlich kam sie zu dem Schluss, dass sie sich keine Sorgen mehr machen musste. Beruhigt konnte sie die restlichen Wochen ihrer Schwangerschaft erleben.

Eines Tages war es soweit: Rebekka bekam Zwillinge.

Der Erste, der kam, war rötlich, über und über mit Haaren bedeckt wie mit einem Fell. Man nannte ihn Esau, das heißt der Rote.

Nach Esau kam sein Bruder auf die Welt. Seine Hand hielt die Ferse Esaus fest. Man nannte ihn Jakob, das heißt Fersenhalter.

Isaak war sechzig Jahre alt, als sie geboren wurden.

Die beiden Zwillingsbrüder wuchsen heran.

Rebekka und Isaak waren stolz auf ihre Söhne. Doch Isaak liebte den Esau mehr als den Jakob. Und Rebekka liebte Jakob mehr als Esau.

> Hier das Bild von Isaaks Familie hinkleben.
>
> Nur die Rückseite von Rebekka und Jakob mit Kleber bestreichen.

Isaaks Familie – Schnippelbogen

Für zwei Schüler/innen

Bastelbeschreibung:

a)  b) 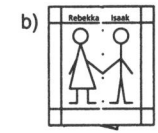 c)

· · · · = Falte nach hinten   - - - - - - = Falte nach vorne

Familienbild

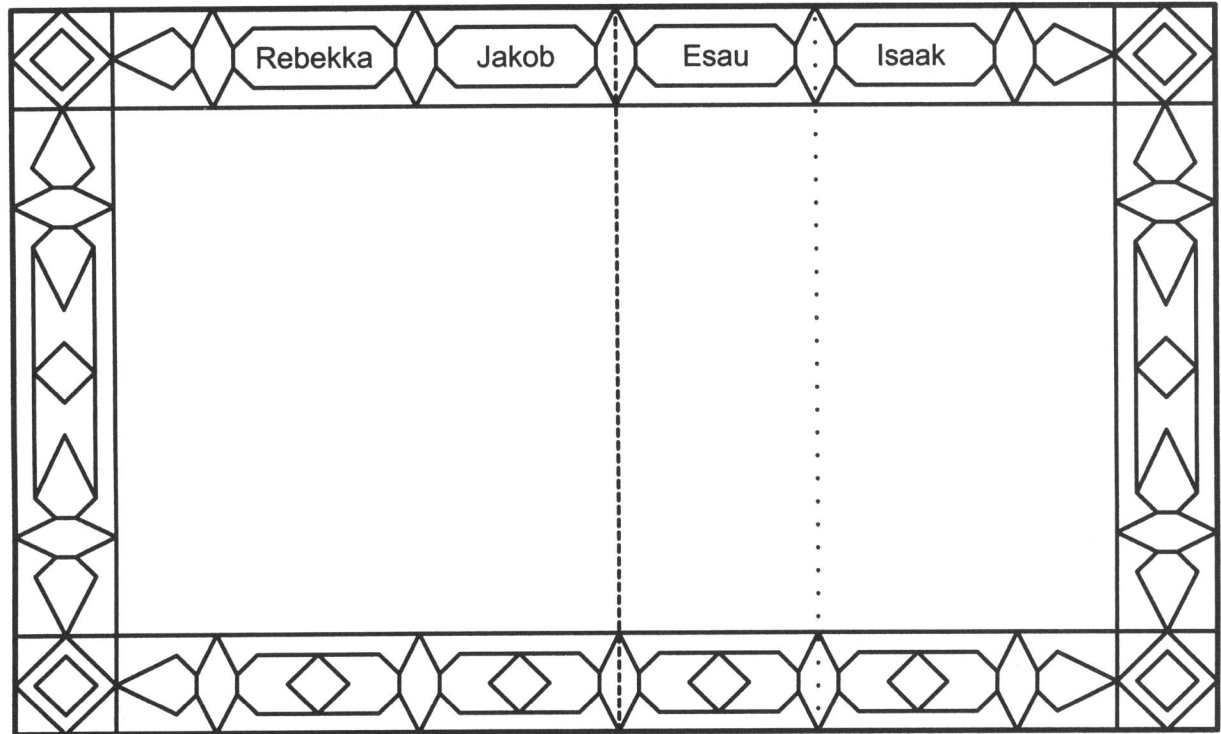

Familienbild

Das Goldene Kalb – Lehrerinfo

Thematischer Zusammenhang
- Exodus – der Auszug aus Ägypten
- Geschichten aus dem Alten Testament
- Gottesbilder und Gottesvorstellungen

Klassenstufe	*Zeitaufwand*
ab 3	60–90 Min.

Arbeitsmittel

- Pro Schüler/in je ein Arbeitsbogen »Das Goldene Kalb«, eine Bastelanleitung und einen Schnippelbogen.
- Je ein Stück Goldpapier (10 x 17 cm).
- Einige golden schreibende Gelstifte.
- Je eine weiche Unterlage (gefaltetes Geschirrtuch, eine dicke Platte Moosgummi).
- Evtl. je eine harte Unterlage.
- Je eine Stecknadel (bzw. eine aufgebogene Büroklammer).
- Je vier Büroklammern.
- Schere, Kleber, Farbstifte.

Durchführung

- Den Arbeitsbogen austeilen und die Geschichte lesen. Nach eigenen Vorgaben besprechen, evtl. auch mit verteilten Rollen nachspielen.
- Den Schnippelbogen und alle benötigten Materialien austeilen und »Das Goldene Kalb« (Lochkarte + Bild) mit Hilfe der Bastelanleitung erarbeiten.
- Man benötigt nicht für alle Schüler einen golden schreibenden Stift. Die Schüler/innen können die Stifte abwechselnd verwenden.
- Als Unterlage für das Stechen ist ein zweimal zusammengefaltetes Geschirrtuch geeignet. Um den Tisch zu schonen, sollte man aber auch noch eine harte Unterlage unter dem Geschirrtuch haben.
- Auf die Verletzungsgefahr beim Stechen hinweisen!

Variationsmöglichkeit(en)

- Einen *Kugelschreiber-Druck* herstellen: Statt das Bild vom Goldenen Kalb auszumalen, kann man die Vorlage ausschneiden und mit einem gleich großen Stück Goldpapier zusammenheften (mit Büroklammern). Auf einer weichen Unterlage werden alle Linien nachgezogen. Dadurch entsteht ein goldenes Reliefbild. Dieses wird mit der erhabenen Seite auf die Lochkarte (diesmal aus farbigem Tonkarton ausgestochen) geklebt.
- Eine *Karte mit den Zehn Geboten* gestalten: Die weiße Lochkarte von der Kopie des Schnippelbogens muss man nicht wegwerfen. Man kann sie vorne auf ein farbiges Stück Tonpapier DIN A 5-quer kleben (bedruckte Seite nach innen). In die Mitte kommt eine farbig geschriebene Überschrift: »Die Zehn Gebote«. Auf die Rückseite werden die Zehn Gebote geklebt, die die Schüler/innen entweder als Kopie erhalten oder auf ein Stück liniertes Papier (etwas kleiner als DIN A 5) schreiben. Am oberen Rand lochen und eine Kordel durchziehen.

Praxistipp

Möglichst viele der benötigten Materialien von den Schüler/innen mitbringen lassen. Trotzdem daran denken, dass es immer eine/n Vergessliche/n gibt. Für diese/n muss man etwas Material da haben, sofern es nicht die großzügigen Klassenkamerad/innen gibt, die aushelfen können.

Das Goldene Kalb (nach Ex 31,18–32,20) – Arbeitsbogen

Mose war auf den Berg Sinai gestiegen und der Herr übergab ihm die beiden steinernen Tafeln der Bundesurkunde. Auf ihnen waren mit göttlicher Hand die Zehn Gebote geschrieben.

Das Volk der Israeliten aber wartete auf Mose. Doch bald wurde das Warten unerträglich.

Da versammelten sich die Leute um Aaron, den Bruder des Mose. Sie sagten: »Warum sollen wir noch länger warten? Mose kommt ja doch nicht wieder zu uns zurück. Wir wollen uns Götter machen, die uns beschützen.«

Aaron antwortete: »Dann nehmt euren Frauen, Söhnen und Töchtern die goldenen Ringe ab. die sie in den Ohren tragen. Bringt allen Schmuck zu mir!«

Das Volk gehorchte. Aaron machte eine Skizze und goss danach ein Kalb.

Da riefen die Israeliten: »Das ist der Gott, der uns aus Ägypten geführt hat! Wir wollen ihm opfern.«

Aaron baute also einen Altar vor dem Kalb. Am nächsten Morgen wurde ein Freudenfest gefeiert. Die Menschen brachten Brandopfer dar. Sie aßen und tranken, sie tanzten und vergnügten sich.

Mose aber ahnte nichts von alldem.

Da sprach der Herr zu Mose: »Geh, steig vom Berg herab. Das Volk, das du aus Ägypten geführt hast, läuft in sein Verderben. Sie haben sich ein Kalb aus Gold gemacht und bringen ihm nun Brandopfer dar.«

Mose nahm die beiden steinernen Tafeln der Bundesurkunde. Er stieg vom Berg hinab.

Schon von weitem vernahm er das Lärmen und Schreien des Volkes.

Als er näher an das Lager herankam, sah er, wie die Israeliten um das Goldene Kalb tanzten. Voller Zorn schleuderte er die Tafeln fort und zerschmetterte sie am Fuß des Berges.

Dann packte er das Kalb, das sie gemacht hatten. Er verbrannte es im Feuer. Die Reste zerstampfte er zu Staub. Diesen streute er ins Wasser.

Das Wasser aber gab Mose den Israeliten zu trinken.

Hier das Bild vom Goldenen Kalb hinkleben.

Das Goldene Kalb – Schnippelbogen

Bastelbeschreibung:

Das Goldene Kalb

a)

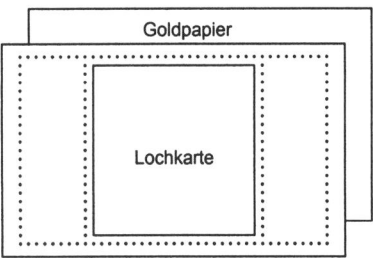

b)

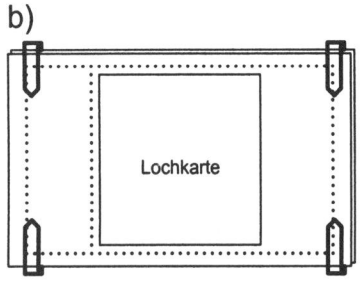

• = Punkt mit einer Nadel durchstechen

── = Schneiden

Lochkarte

Das Goldene Kalb – Bastelanleitung

1. Male das Bild »Das Goldene Kalb« auf dem Schnippelbogen mit Farbstiften aus. Für das Kalb benötigst du einen golden schreibenden Stift.

2. Schneide das fertig ausgemalte Bild »Das Goldene Kalb« aus und lege es zur Seite. Du benötigst es später wieder.

3. Schneide die Lochkarte auf dem Schnippelbogen aus.

4. Hefte die ausgeschnittene Lochkarte mit einem gleich großen Stück Goldpapier zusammen. Dazu benötigst du vier Büroklammern → siehe die Bastelbeschreibung a) und b).
Falls du Goldpapier mit zwei verschiedenfarbenen Seiten hast, achte darauf, dass die goldene Seite des Goldpapiers unten liegt.

5. Lege die zusammengeheftete Vorlage mit der weißen Lochkarte nach oben auf eine weiche Unterlage.

6. Stich jeden Punkt mit einer Stecknadel oder aufgebogenen Büroklammer durch.

7. Löse die fertig gestochene Lochkarte vom Goldpapier.

8. Lege das Goldpapier mit der erhabenen Seite nach oben auf den Tisch.

9. Klebe das Bild vom Goldenen Kalb in die Mitte des Goldpapiers.

10. Klebe das fertige Goldpapier (mit dem aufgeklebten Bild vom Goldenen Kalb) in das markierte Rechteck auf den Arbeitsbogen.

Die Goldene Regel – Lehrerinfo

Thematischer Zusammenhang

- Gebote, Regeln des Zusammenlebens
- Jesus lehrt uns miteinander leben
- Was ist Nächstenliebe?

Klassenstufe   *Zeitaufwand*
ab 3   45–60 Min.

Arbeitsmittel

- Pro Schüler/in jeweils ein Arbeitsbogen »Die Goldene Regel« und ein Schnippelbogen.
- Je ein Stück farbiges Tonpapier (11,5 x 15 cm).
- Je ein Stück Goldpapier (10 x 13 cm).
- Je eine Bibel (Einheitsübersetzung) bzw. ein Tafelanschrieb.
- Je eine weiche Unterlage (gefaltetes Geschirrtuch, Moosgummiplatte).
- Je eine Nadel (bzw. eine aufgebogene Büroklammer).
- Ein fein schreibender Schreibstift (evtl. ein goldener Gelschreiber).
- Scheren und Kleber.

Durchführung

- Zunächst wird der Arbeitsbogen »Die Goldene Regel« ausgeteilt. Der Text oberhalb des noch zu erarbeitenden Bildes wird gelesen.
- Anschließend werden der Schnippelbogen sowie die benötigten Materialien ausgeteilt und die Arbeitsfläche vorbereitet.
- Der Schnippelbogen wird nach der Bastelanleitung erarbeitet.
- Den Wortlaut der »Goldenen Regel« schreiben die Schüler/innen aus der Bibel ab (dazu die Bibelstelle an die Tafel schreiben!). Es ist aber auch möglich, den Text (s. u.) an die Tafel zu schreiben und diesen von den Schüler/innen abschreiben zu lassen.
- Nach Fertigstellung der Lochkarte könnten in einem Lehrer-Schüler-Gespräch Beispiele für Regeln des Zusammenlebens gefunden werden, vielleicht auch Beispiele für Regeln, die es zur Zeit Jesu gegeben haben könnte.
- Erst, wenn die Bastelaufgabe erledigt ist, wird das gesuchte Sprichwort aufgeschrieben, das die Schüler/innen sicher nennen können.

Lösung des Arbeitsbogens

Arbeitsbogen
Die Goldene Regel erinnert an folgendes Sprichwort:
Was du nicht willst, was man dir tu, das füg auch keinem andern zu!

Schnippelbogen
Folgenden Text in »Das Herz« schreiben:
Die Goldene Regel (Mt 7,12)
Alles, was ihr also von anderen erwartet, das tut auch ihnen! Darin besteht das Gesetz und die Propheten.

Variationsmöglichkeit(en)

- Eine *Grußkarte* herstellen. Dazu nur den Schnippelbogen austeilen. Die Lochkarte mit dem Herzen wird vorne auf ein gefaltetes Tonpapier (DIN A 5) geklebt. In die Grußkarte könnte man ein selbst gemaltes Bild legen, ein Gedicht oder einen kleinen Brief. Ein passender Anlass für eine solche Grußkarte wäre ein Weihnachtsbasar der Schule, ein Ostergruß oder eine Feier in der Familie (Taufe, Kommunion, Konfirmation oder Muttertag).
- Ein *Bild* herstellen. Die weiße Vorlage der Lochkarte kann weiter verwendet werden, indem man daraus ein Bild herstellt. Dazu wird die fertig gestochene Vorlage mit der erhabenen Seite nach oben gelegt. In die herzförmige freie Fläche wird ein farbiges Bild gezeichnet. Man klebt die Lochkarte auf ein Stück Tonpapier (DIN A 5). Auf den Rand des Tonpapiers werden Streifen von farbiger Wellpappe geklebt (3 bis 4 cm breit), so dass ein Rahmen entsteht. Auf die Rückseite des Bildes kommt schließlich noch ein Bildaufhänger, den es in jedem Bastelladen zu kaufen gibt.

Praxistipp

Das kommt immer wieder vor: Schüler/innen, die einen winzigen Papierschnipsel mitten aus einem großen Bogen Tonkarton schneiden.
Daher: Teures Bastelpapier vor dem Austeilen in die kleinstmögliche benötigte Größe zuschneiden. Den Schüler/innen zeigen, wie man sparsam vom Rand aus zuschneiden kann.

Die Goldene Regel – Arbeitsbogen

Wenn Menschen zusammenkommen, dann müssen sie sich an Regeln halten, sonst klappt das Zusammenleben nicht. In der Familie gibt es aber andere Regeln als in der Schule oder auf der Straße. Und je älter man wird, desto mehr Regeln muss man lernen. Da fällt der Überblick schwer.

Das merkten auch die Menschen, die zur Zeit Jesu gelebt haben. Sie haben Jesus nach Regeln für das Zusammenleben gefragt. Er gab den Menschen auch Antworten, zum Beispiel im Gleichnis vom barmherzigen Samariter, das du im Evangelium nach Lukas (Kapitel 10) nachlesen kannst.

Die Antworten Jesu waren jedoch nicht immer leicht zu verstehen. Es musste doch eine einzige Regel geben, mit der man immer zurechtkommen müsste, egal, in welcher Situation man sich befand!

Auch hier wusste Jesus einen Rat und er hinterließ uns die *Goldene Regel*.

Diese Regel kennst du bestimmt schon, denn sie wird dich an ein bekanntes Sprichwort erinnern.

Hier das Bild von der Goldenen Regel hinkleben.

Die Goldene Regel erinnert an folgendes Sprichwort:

_____

_____

Die Goldene Regel – Schnippelbogen

Lochkarte

Bastelbeschreibung A:

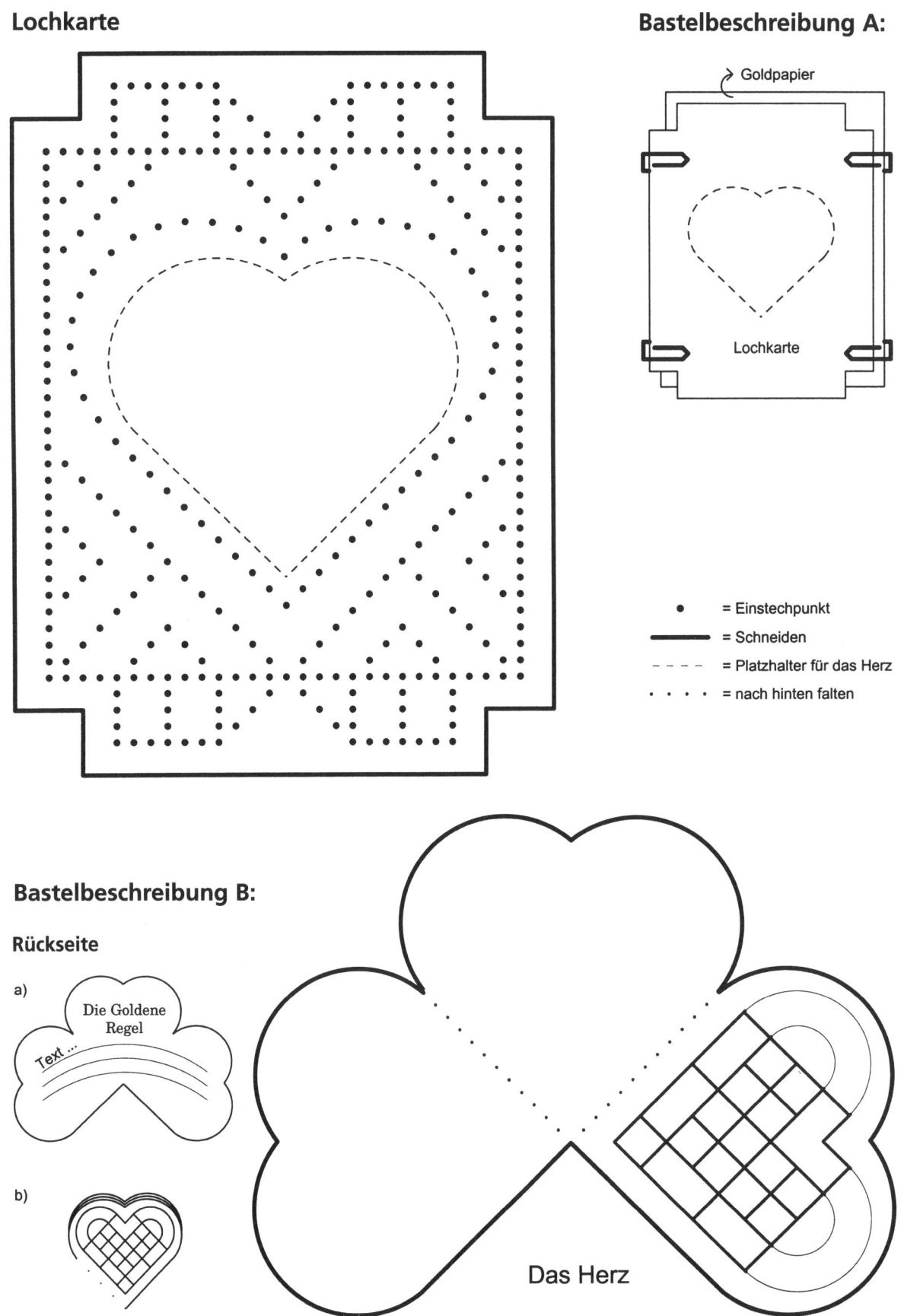

• = Einstechpunkt

▬ = Schneiden

– – – = Platzhalter für das Herz

· · · · = nach hinten falten

Goldpapier

Lochkarte

Bastelbeschreibung B:

Rückseite

a)

Die Goldene Regel

Text ...

b)

Das Herz

Die Goldene Regel – Bastelanleitung

1. Schneide die Lochkarte aus dem Schnippelbogen aus.

2. Hefte die Lochkarte mit vier Büroklammern an ein Stück Goldpapier (10 x 13 cm)
   → siehe Bastelbeschreibung A.

3. Lege die zusammengeheftete Vorlage mit der weißen Lochkarte nach oben auf eine weiche Unterlage.

4. Stich jeden Punkt mit einer Stecknadel oder aufgebogenen Büroklammer durch.

5. Löse die fertig gestochene Lochkarte vom Goldpapier.

6. Lege das Goldpapier zur Seite, du benötigst es später wieder.

7. Schneide nun das Herz aus und lege es mit der unbedruckten Seite nach oben auf den Tisch.

8. Schreibe die Goldene Regel auf. Du findest sie im Evangelium nach Matthäus, Kapitel 7, Vers 12
   → siehe Bastelbeschreibung B a).

9. Drehe anschließend das Herz um und male es aus.

10. Falte das Herz wie in der Bastelbeschreibung B b) angegeben.

11. Klebe das gefaltete Herz auf das Goldpapier.

12. Klebe das Goldpapier auf ein Stück farbiges Tonpapier (11,5 x 15 cm).

13. Klebe die fertige Arbeit auf deinen Arbeitsbogen.

Die Verleugnung durch Petrus – Lehrerinfo

Thematischer Zusammenhang
- Der Osterfestkreis: Gründonnerstag
- Die Passionsgeschichte
- Geschichten aus dem Neuen Testament

Klassenstufe
ab 4

Zeitaufwand
60–90 Min.

Arbeitsmittel

- Pro Schüler/in je ein Arbeitsbogen »Die Verleugnung durch Petrus«, ein Schnippelsowie ein Bastelbogen.
- Je ein Stück Tonkarton (14 x 14 cm).
- Je eine weiche Unterlage (z. B. ein gefaltetes Geschirrtuch).
- Je vier Büroklammern.
- Je eine Nähnadel.
- Nähgarn in verschiedenen Farben.
- Tesafilm (auf jeden Arbeitstisch eine Rolle).
- Je ein Stück Tonpapier in einer Kontrastfarbe zum Tonkarton.
- Evtl. golden oder silbern schreibende Gelstifte.

Durchführung

- Die Schüler/innen erhalten je einen Arbeitsbogen »Die Verleugnung durch Petrus« und einen Schnippelbogen.
- Die Geschichte auf dem Arbeitsbogen wird gelesen und nach eigenen Vorgaben besprochen.
- Anschließend wird der Bastelbogen ausgeteilt und die Bastelarbeit nach der Bastelbeschreibung erledigt.

Variationsmöglichkeit(en)

- Das fertige Bild nicht aufkleben, sondern einen Aufhänger anbringen, so dass ein Bild entsteht, das man verschenken oder als Andenken aufbewahren kann.

Praxistipp

In Zeiten, in denen Jacken wegen eines fehlenden Knopfes in den Altkleidersack entsorgt werden, ist damit zu rechnen, dass manche Schüler/innen weder Nadel noch Faden auftreiben können. Daher sollte man solches Material vom Schuletat zulegen und im Lehrerschrank aufbewahren.

Die Verleugnung durch Petrus (nach Mt 26,69–75) – Arbeitsbogen

Jesus war in Garten Gethsemane verhaftet worden. Seine Jünger waren vor Angst geflohen.
Man brachte Jesus in das Haus des Hohenpriesters Kaiphas.
Petrus war heimlich hinter den Männern hergeschlichen, um zu erfahren, was geschehen werde.
Nun saß Petrus draußen im Hof.
Da trat eine Magd zu ihm und sagte: »Auch du warst mit diesem Jesus aus Galiläa zusammen.«
Doch er leugnete es vor allen Leuten und sagte: »Ich weiß nicht, wovon du redest.«
Und als er zum Tor hinausgehen wollte, sah ihn eine andere Magd und sagte zu denen, die dort standen: »Der war mit Jesus aus Nazaret zusammen.«
Wieder leugnete er und schwor: »Ich kenne den Menschen nicht.«
Kurz darauf kamen die Leute, die dort standen, zu Petrus und sagten: »Wirklich, auch du gehörst zu ihnen, deine Mundart verrät dich.«
Da fing er an sich zu verfluchen und schwor: »Ich kenne den Menschen nicht.«
Gleich darauf krähte ein Hahn und Petrus erinnerte sich an das, was Jesus gesagt hatte: Ehe der Hahn kräht, wirst du mich dreimal verleugnen.
Und er ging hinaus und weinte bitterlich.

Hier das Bild vom Hahn hinkleben.

Die Verleugnung durch Petrus – Schnippelbogen

Der Hahn

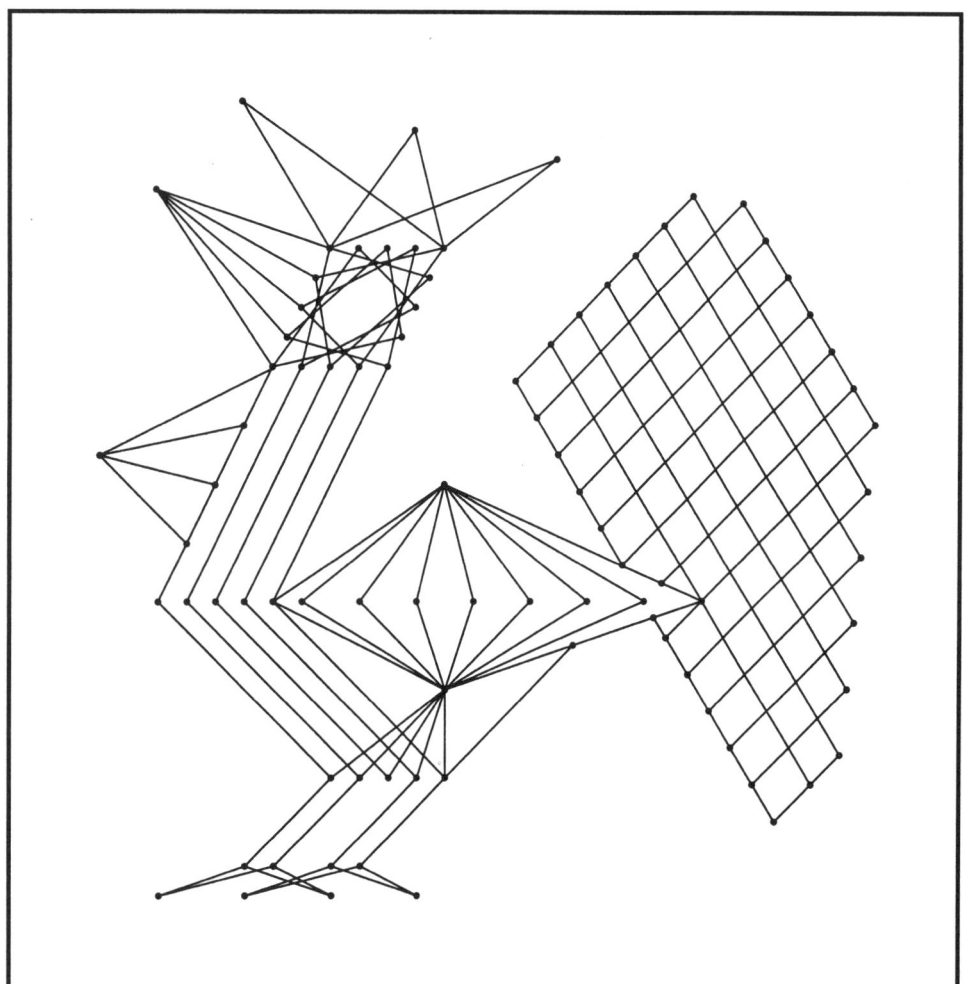

= Einstechpunkt

= Fadenführung von einem Punkt zum anderen

= Schneiden

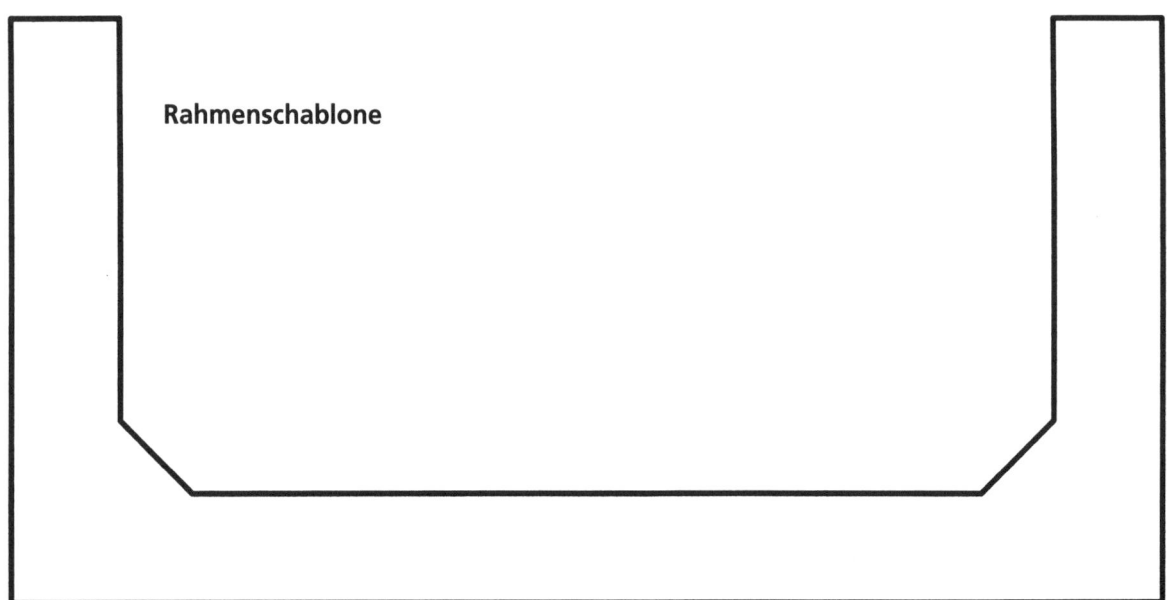

Rahmenschablone

Die Verleugnung durch Petrus – Bastelanleitung

1. Schneide die quadratische Vorlage für den Hahn aus dem Schnippelbogen aus.

2. Hefte diese Vorlage mit vier Büroklammern auf ein Stück Tonkarton (14 x 14 cm).

3. Lege die Vorlage mit der bedruckten Seite nach oben auf eine weiche Unterlage.

4. Stich alle Punkte mit einer Nadel durch.

5. Löse die Vorlage »Der Hahn« vom Tonkarton und lege die Vorlage auf den Tisch, damit du sehen kannst, wie die Punkte miteinander verbunden werden.

6. Fädle einen Faden auf eine Nadel und stich sie durch eines der Löcher deines Tonkartons. Stich von der Rückseite ein.

7. Ziehe den Faden so weit durch das Loch, dass auf der Rückseite etwa 2 bis 3 cm Faden übrig ist. Diesen klebst du mit einem Stück Tesafilm fest, damit er nicht verrutschen kann.

8. Dein Faden ist jetzt wie ein Stift. Du verbindest die einzelnen Löcher des Tonkartons miteinander, und zwar so, wie es auf der Vorlage zu sehen ist.

9. Wenn der Faden zu Ende ist, wird der Restfaden auf der Rückseite mit Tesafilm befestigt. Dann machst du mit einem neuen Faden weiter, bis das Fadenbild fertig ist.

10. Wenn das Fadenbild fertig ist, dann klebe es in das innere Quadrat auf dem Arbeitsbogen.

11. Aus einem Stück Tonpapier (16 x 16 cm) wird der Rahmen hergestellt. Schneide dazu die Schablone für den Rahmen aus dem Schnippelbogen aus.

12. Lege die Schablone an eine Kante des Rahmens an und zeichne mit einem Bleistift die Innenlinie auf das Tonpapier.

13. Da die Schablone nur einen halben Rahmen darstellt, musst du dasselbe an der gegenüberliegenden Kante des Tonpapiers wiederholen.

14. Schneide den Rahmen aus und klebe ihn auf den Arbeitsbogen über den Hahn.

15. Mit einem goldenen oder silbernen Gelschreiber kannst du den Rahmen zum Schluss noch mit Schnörkeln und Mustern verzieren.

Die Botschaft der Engel am leeren Grab – Lehrerinfo

Thematischer Zusammenhang
- Der Osterfestkreis: Ostersonntag
- Die Auferstehung Jesu
- Geschichten aus dem Neuen Testament

Klassenstufe	*Zeitaufwand*
ab 2	45–60 Min.

Arbeitsmittel

- Pro Schüler/in je ein Arbeitsbogen »Die Botschaft der Engel am leeren Grab« und ein Schnippelbogen.
- Farbstifte.
- Scheren und Kleber.
- Evtl. ein paar Bibeln.
- Evtl. je ein breiter Briefumschlag.

Durchführung

- *Hinweis*: Bei jüngeren Schüler/innen ist es sinnvoll, wenn sie die Geschichte kennen.
- Die Schüler/innen erhalten je einen Arbeitsbogen »Die Botschaft der Engel am leeren Grab« und einen Schnippelbogen.
- Die Textstreifen des Schnippelbogens werden farbig ausgemalt, ausgeschnitten und auf dem Arbeitsbogen sortiert.
- Nach der Kontrolle durch den Lehrer/die Lehrerin (bzw. mit Hilfe der Bibel) können die Textstreifen aufgeklebt oder in einem Briefumschlag aufbewahrt werden.

Lösung des Arbeitsbogens

Die Botschaft des Engels im leeren Grab
(Mk 16,1–8)
Als der Sabbat vorüber war, kauften Maria aus Magdala, Maria, die Mutter des Jakobus, und Salome wohlriechende Öle, um damit zum Grab zu gehen und Jesus zu salben.
Am ersten Tag der Woche kamen sie in aller Frühe zum Grab, als eben die Sonne aufging.
Sie sagten zueinander: Wer könnte uns den Stein vom Eingang des Grabes wegwälzen?
Doch als sie hinblickten, sahen sie, dass der Stein schon weggewälzt war; er war sehr groß.
Sie gingen in das Grab hinein und sahen auf der rechten Seite einen jungen Mann sitzen, der mit einem weißen Gewand bekleidet war; da erschraken sie sehr.

Er aber sagte zu ihnen: Erschreckt nicht! Ihr sucht Jesus von Nazaret, den Gekreuzigten. Er ist auferstanden; er ist nicht hier. Seht, da ist die Stelle, wo man ihn hingelegt hatte.
Nun aber geht und sagt seinen Jüngern, vor allem Petrus: Er geht euch voraus nach Galiläa; dort werdet ihr ihn sehen, wie er es euch gesagt hat.
Da verließen sie das Grab und flohen; denn Schrecken und Entsetzen hatte sie gepackt. Und sie sagten niemand etwas davon; denn sie fürchteten sich.

Variationsmöglichkeit(en)

- Ältere Schüler/innen können sich ein eigenes Puzzle herstellen: Der Arbeitsbogen wird auf weißen Karton kopiert. Dieser wird an die Schüler/innen verteilt. Ebenso eine ausreichende Menge an Bibeln bzw. Auferstehungsgeschichten. Die Schüler/innen schreiben eine der Auferstehungsgeschichten in die einzelnen Streifen des Eis. Die Geschichte kann abgeschrieben oder nacherzählt werden. Falls einige Streifen leer bleiben, kann darauf ein passendes Bild oder ein Muster gemalt werden. Die Textstreifen werden an den gestrichelten Linien ausgeschnitten. Diese beschriebenen Puzzleteile können in einem bunt gestalteten Briefumschlag aufbewahrt werden.

Praxistipp

Bei umfangreichen Bastel- und Schnippelarbeiten in der ganzen Klasse (evangelische und katholische Schüler/innen) und vor allem mit dem Kollegen / der Kollegin unterrichten. Ein Lehrer/eine Lehrerin erklärt die Aufgaben, der/die andere kann die Arbeiten kontrollieren bzw. auch einmal etwas helfen.

Die Botschaft der Engel am leeren Grab – Arbeitsbogen

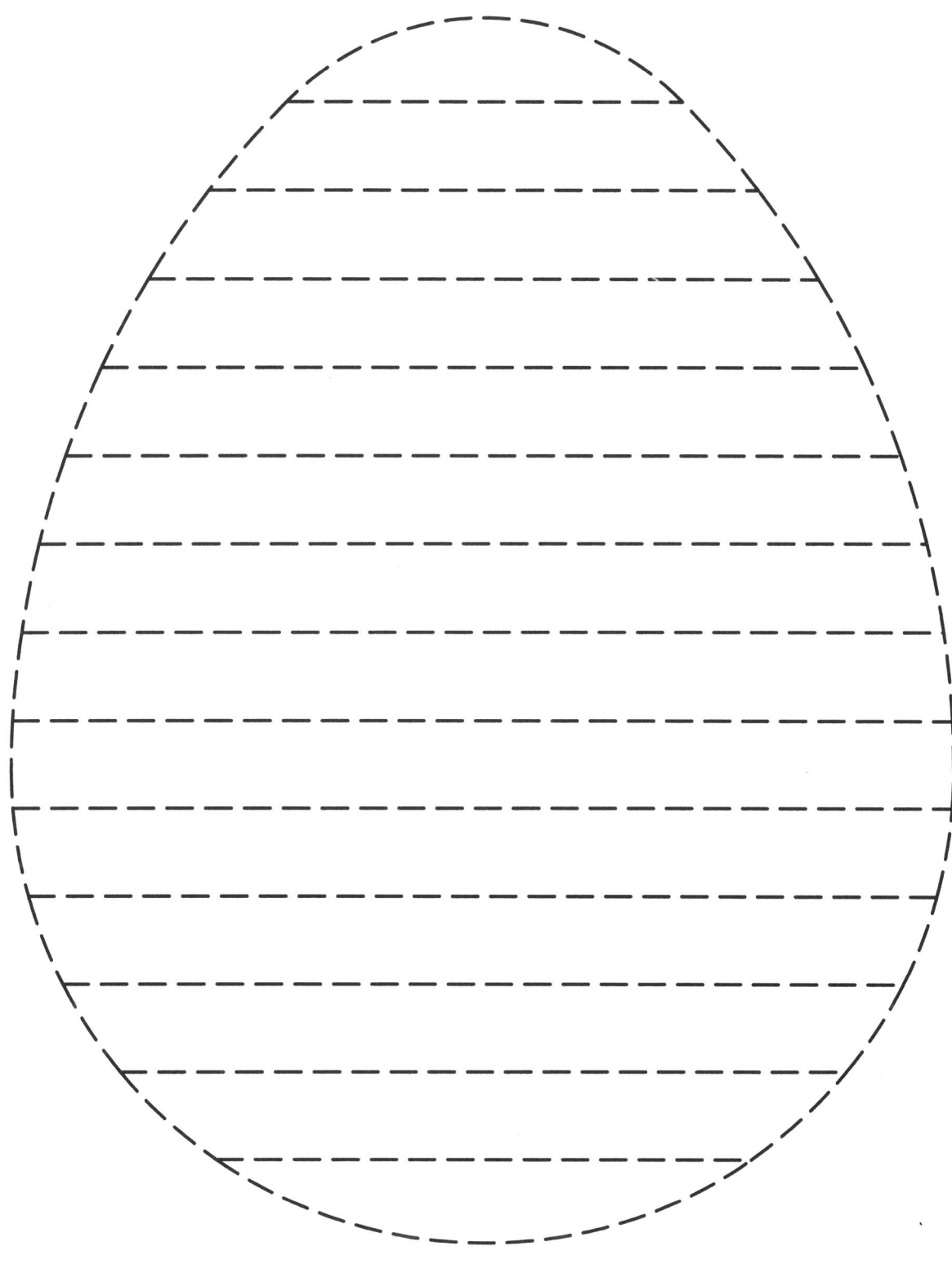

Die Botschaft der Engel am leeren Grab – Schnippelbogen

Als der Sabbat vorüber war, kauften Maria aus Magdala, Maria, die Mutter des Jakobus

Mk 16,1-8

Doch als sie hineinblickten, sahen sie, dass der Stein schon weggewälzt war. Er war sehr groß.

Und sie sagten niemand etwas davon, denn sie fürchteten sich.

Er aber sagte zu ihnen: »Erschreckt nicht! Ihr sucht Jesus von Nazaret, den Gekreuzigten.

Nun aber geht und sagt seinen Jüngern, vor allem zu Petrus: Er geht euch voraus nach Galiläa;

der mit einem weißen Gewand bekleidet war. Da erschraken sie sehr.

Sie gingen in das Grab hinein und sahen auf der rechten Seite einen jungen Mann sitzen,

Sie sagten zueinander: »Wer könnte uns den Stein vom Eingang des Grabes wegwälzen?«

Da verließen sie das Grab und flohen, denn Schrecken und Entsetzen hatte sie gepackt.

Am ersten Tag der Woche kamen sie in aller Frühe zum Grab, als eben die Sonne aufging

——— = Schneiden

und Salome wohlriechende Öle, um damit zum Grab zu gehen und Jesus zu salben.

dort werdet ihr ihn sehen, wie er es euch gesagt hat.«

Seht, da ist die Stelle, wo man ihn hingelegt hatte.

Das Pfingstereignis – Lehrerinfo

Thematischer Zusammenhang	*Klassenstufe*	*Zeitaufwand*
• Das frühe Christentum	3	45–60 Min.
• Der Osterfestkreis: Pfingsten		
• Die Sprache der Bibel: Metaphern und Gleichnisse.		
• Geschichten aus dem Neuen Testament		

Arbeitsmittel

- Pro Schüler/in je ein Arbeitsbogen »Das Pfingstereignis« und ein Schnippelbogen.
- Farbstifte.
- Scheren und Kleber.
- Evtl. ein Streifen weißes Papier (7,5 x 15 cm).
- Evtl. je zwei kleine Klebepunkte.

Durchführung

- Pro Schüler/in je einen Arbeitsbogen »Das Pfingstereignis« austeilen und die Geschichte lesen und besprechen.
- Anschließend den Schnippelbogen verteilen.
- Die jeweils vier Ecken der beiden Bilder »Feuer« und »Wind« werden mit passenden Farben ausgemalt (Feuer: Gelb, Rot, Orange, Schwarz und Wind: Grau, Hellblau, Mittelblau, Weiß).
- Danach werden die beiden Bilder ausgeschnitten, umgedreht und – wie in der Bastelbeschreibung gezeichnet – gefaltet.
- In das innere Quadrat jedes Bildes wird geschrieben: In das Bild »Feuer«: Was mir zum Feuer einfällt. In das Bild »Wind«: Was mir zum Wind einfällt. Das können Begriffe zur Wortfamilie, zum Wortfeld, Sprichwörter oder eigene Erlebnisse sein. Falls der Platz zum Schreiben nicht ausreicht, könnten die Schüler/innen ein gefaltetes Papier (7,5 x 15 cm) in die Bilder legen
- Zum Schluss werden beide Bilder in die markierten Rahmen auf dem Arbeitsbogen geklebt.

- Damit die Ecken der Bilder nicht ständig nach oben gehen und mit der Zeit unansehnlich werden, könnte man sie in der Mitte mit je einem Klebepunkt fixieren.

Variationsmöglichkeit(en)

- In das Bild »Feuer« ein Bild vom Anfang der Geschichte zeichnen lassen: Die Angst der Jünger oder das verschlossene Haus. In das Bild »Wind« ein Bild vom Ende der Geschichte zeichnen lassen: Die Freude der Jünger oder das offene Haus.
- Je einen Vierzeiler verfassen und in die beiden Bilder schreiben.

Praxistipp

Während des Unterrichts kommt es oft zu Bewertungen der Arbeiten durch die Mitschüler/innen. Doch Kritisieren soll gelernt sein, denn manche Bemerkungen der Schüler/innen können den »Künstler« oder die »Künstlerin« verletzen. Daher sollte man bei Gelegenheit Regeln aufstellen, wie man sich zu den Arbeiten äußert, zum Beispiel:

1. Sage ganz konkret, was dir an einem Bild gefällt oder nicht gefällt.
2. Verletze bei deiner Kritik nicht deinen Mitschüler oder deine Mitschülerin.
3. Äußere dich auch zu deiner eigenen Arbeit und was du dir dabei gedacht hast.
4. Wir lachen einen anderen nicht aus und wollen auch nicht ausgelacht werden.

Die Regeln könnten während einer Unterrichtsstunde zu Beginn des Schuljahres aufgestellt werden.

Lösung des Arbeitsbogens

Beispiele:

Was mir zum Feuer einfällt

Feuerwehr, Feuerwalze, Feuersalve, Gewehrfeuer, Feuersbrunst, Lagerfeuer …

Flamme, Hitze, Asche, Kerze, Waldbrand, Angst, Gemütlichkeit …

Feuer und Flamme sein.
Gebranntes Kind scheut das Feuer.
Asche zu Asche – Staub zu Staub.
Aus dem kleinsten Funken wird oft der stärkste Brand.

Was mir zum Wind einfällt

Windhose, Frühlingswind, Windjammer, Windkanal, Windjacke, Windstärke …

Eine kühle Brise, Tornado, Sturm, Bewegung, Rauschen …

Wer den Wind sät, wird Sturm ernten.
Er ist schnell wie der Wind.
Heute weht ein laues Lüftchen.
Er ist ein windiger Kerl.

Das Pfingstereignis (Apg 2,1–13) – Arbeitsbogen

Als der Pfingsttag gekommen war, befanden sich alle am gleichen Ort.

Da kam plötzlich vom Himmel her ein Brausen, wie wenn ein heftiger Sturm daherfährt, und erfüllte das ganze Haus, in dem sie waren.

Und es erschienen ihnen Zungen wie von Feuer, die sich verteilten; auf jeden von ihnen ließ sich eine nieder.

Alle wurden mit dem Heiligen Geist erfüllt und begannen in fremden Sprachen zu reden, wie es der Geist ihnen eingab.

In Jerusalem aber wohnten Juden, fromme Männer aus allen Völkern unter dem Himmel. Als sich das Getöse erhob, strömte die Menge zusammen und war ganz bestürzt; denn jeder hörte sie in seiner Sprache reden.

Sie gerieten außer sich vor Staunen und sagten: »Sind das nicht alles Galiläer, die hier reden? Wieso kann sie jeder von uns in seiner Muttersprache hören: Parther, Meder und Elamiter, Bewohner von Mesopotamien, Judäa und Kappadozien, von Pontus und der Provinz Asien, von Phrygien und Pamphylien, von Ägypten und dem Gebiet Libyens nach Zyrene hin, auch die Römer, die sich hier aufhalten, Juden und Proselyten, Kreter und Araber, wir hören sie in unseren Sprachen Gottes große Taten verkünden.«

Alle gerieten außer sich und waren ratlos.

Die einen sagten zueinander: »Was hat das zu bedeuten?«

Andere aber spotteten: »Sie sind vom süßen Wein betrunken.«

Kleben: Bild »Feuer«	Kleben: Bild »Wind«

Das Pfingstereignis – Schnippelbogen

Bild »Wind«

Bastelbeschreibung

Bild »Feuer«

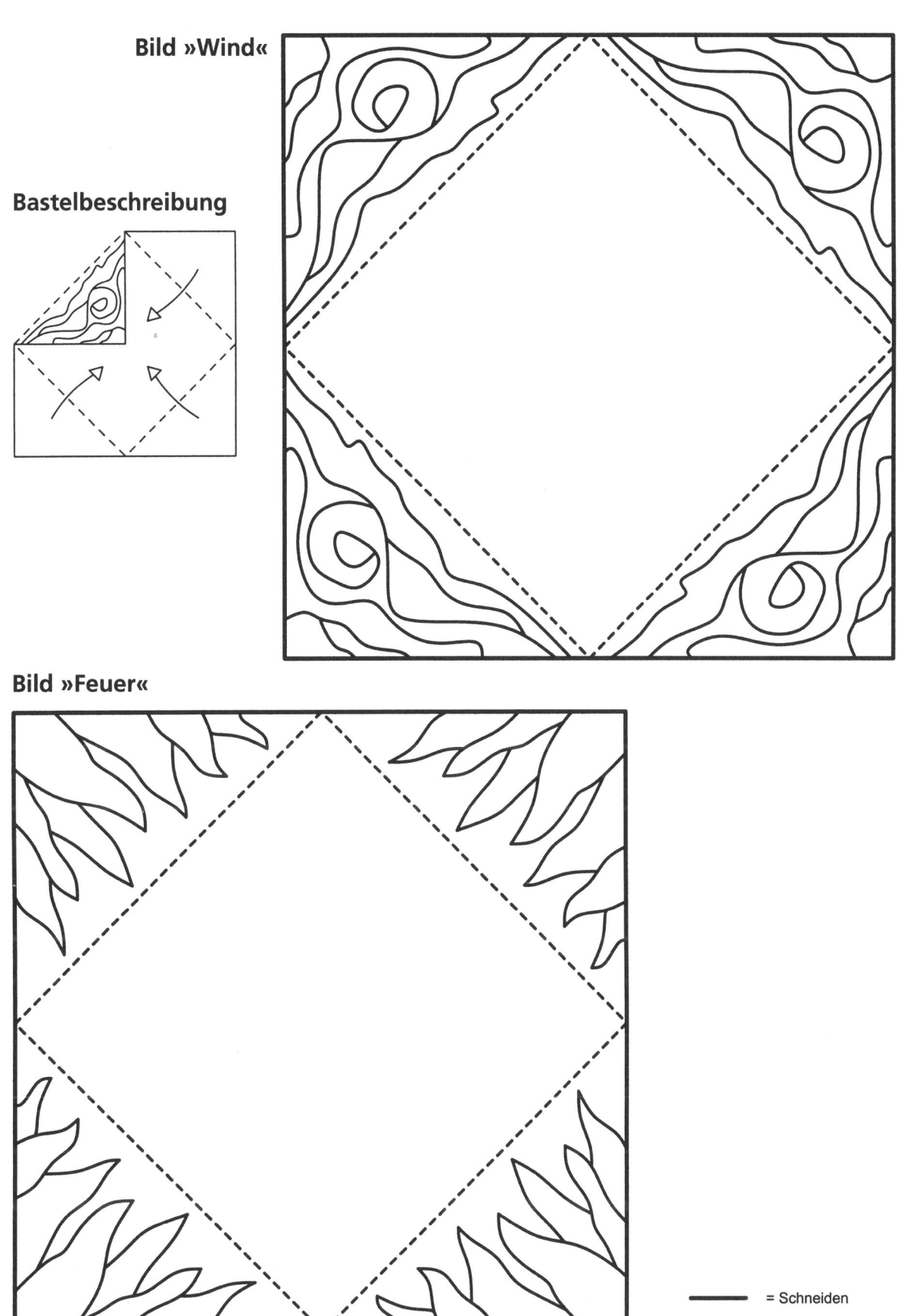

———— = Schneiden

- - - - = nach innen falten

Die Kirche – Lehrerinfo

Thematischer Zusammenhang
- Das Christentum
- Die Kirche – das Haus Gottes
- Kirchenbauten – Kirchenbaugeschichte

Klassenstufe	*Zeitaufwand*
ab 2	45–60 Min.

Arbeitsmittel

- Pro Schüler/in je ein Arbeitsbogen »Die Kirche« und ein Schnippelbogen.
- Farbstifte, Scheren und Kleber.

Durchführung

- Der Arbeitsbogen »Die Kirche« wird ausgeteilt, der Text gelesen und besprochen.
- Anschließend erhalten die Schüler/innen den Schnippelbogen und malen die Kirche nach eigenem Geschmack aus.
- Die fertig ausgemalte Kirche wird entlang der dick gedruckten Linien ausgeschnitten.
- Die beiden Flügel der Kirche sowie die Lasche werden nach hinten gefaltet.
- Nur die Lasche wird in das markierte Feld auf dem Arbeitsbogen geklebt.
- Wenn alles richtig gemacht worden ist, kann man die Kirche aufstellen.

Variationsmöglichkeit(en)

- Eine *Collage* herstellen: Die Schüler/innen erhalten nur den Arbeitsbogen. Vor dem Kopieren wird die Umrisslinie für die Lasche abgedeckt, so dass eine große freie Fläche auf dem Arbeitsbogen entsteht. Auf diese zeichnen die Schüler/innen den Umriss einer Kirche. In diese Kirche werden Bilder (Kirchen, Menschen, Gesichter ...) aus Zeitschriften geklebt. Es können auch kleine Texte hineingeschrieben werden, wie Liedanfänge, Meinungen zur Kirche oder die Berufe der Kirche.
- *Ab Klasse 4*: Die *eigene Kirche* basteln: Während eines Unterrichtsganges zeichnen die Schüler/innen ein Bild ihrer eigenen Kirche und stellen auf die gleiche Art wie oben beschrieben eine dreidimensionale Kirche her.

Praxistipp

Jüngere Schüler/innen, die noch ungeübt im Umgang mit Klebstoffen sind, verkleben sich leicht die Hände oder kleckern Kleber auf die Tische, den Boden oder ihre Kleidung.
Dem kann man vorbeugen: Die Tische werden mit Zeitungspapier ausgelegt, die Ärmel hochgestreift. In manchen Klassen ist es auch üblich, dass die Schüler/innen sich einen Kittel überziehen, wenn Basteln angesagt ist.
Falls es doch passiert ist:
Lösungsmittelfreie Kleber sofort mit Wasser auswaschen.
Die verklebten Hände so lange rubbeln, bis die Kleberkrümel abgezogen werden können.
Noch nicht angetrockneten Kleber kann man auf diese Weise ebenfalls von den Tischen oder dem Boden rubbeln.
Wenn Kleber mit Lösungsmitteln auf die Kleidung gerät, kann man diese manchmal retten, indem man das Kleidungsstück ein paar Stunden in den Gefrierschrank steckt.
Der Kleber löst sich dann leichter ab.

Die Kirche – Arbeitsbogen

Das Wort »Kirche« stammt aus dem Griechischen und bedeutet »zum Herrn gehörendes Haus«. Die Kirche ist das Gotteshaus der Christen.

Kirchen können ganz verschieden aussehen: Es gibt große Kirchen aus Stein mit Glockentürmen und es gibt kleine, unscheinbare Kirchen aus Holz. Man nennt sie Dom, Münster, Basilika, Stadtkirche, Dorfkirche oder Kapelle. Die meisten Kirchen haben einen Namen, zum Beispiel Matthäuskirche, Marienkirche oder Nikolaikirche.

Doch jeder Ort, auch der kleinste Raum, kann zur Kirche werden, wenn sich dort die Gläubigen treffen, um einen Gottesdienst zu feiern.

Die Kirche ist also nicht nur ein Gebäude; die Kirche – das ist eine Gemeinschaft. Die Gemeinschaft aller Christen nennt man daher Weltkirche.

Hier die Lasche der Kirche aufkleben

Die Kirche – Schnippelbogen

hier kleben

------- = Falten
——— = Schneiden

Eine große Gemeinde – Lehrerinfo

Thematischer Zusammenhang
* Christen leben in Gemeinden
* In der Nachfolge Jesu leben

Klassenstufe   *Zeitaufwand*
ab 1   45–60 Min.

Arbeitsmittel

* Pro Schüler/in je ein Arbeitsbogen »Eine große Gemeinde« und ein Schnippelbogen.
* Farbstifte, Scheren und Kleber.

Durchführung

* Die Schüler/innen erhalten je einen Arbeitsbogen »Eine große Gemeinde« und einen Schnippelbogen.
* Der Arbeitsbogen und die Bilder auf dem Schnippelbogen werden ausgemalt.
* Anschließend schneiden die Schüler/innen die Bilder des Schnippelbogens aus, arrangieren sie nach eigenem Geschmack auf dem Arbeitsbogen und kleben sie auf. Dabei können sich die einzelnen Bilder gerne überschneiden.

Variationsmöglichkeit(en)

* Eine *Collage der Gemeinde* herstellen. Die Schüler/innen erhalten nur den Arbeitsbogen und suchen sich aus Zeitschriften und Illustrierten die passenden Bilder zusammen.

* Ein *Bild der eigenen Gemeinde* herstellen: Man könnte einen Unterrichtsgang machen und die Häuser und Wohnungen der Schüler/innen sowie die heimische Kirche fotografieren. Wenn die Fotos entwickelt sind, werden die Fotos auf einen großen Bogen Plakatkarton geklebt, auf den die Schüler/innen vorher Straßen, Autos und Menschen gezeichnet haben.

Praxistipp

Gerade in ersten Klassen kommt es häufig vor, dass einzelne Schüler/innen nicht »richtig« malen, d.h. sie malen Bäume zum Beispiel lila, Hausdächer grün oder Straßen gelb aus. Diese Schüler/innen kann man zwar man fragen, warum sie andere Farben verwenden als die üblichen; man sollte sie aber nicht zwingen, ihre Bilder zu verbessern, da ihnen sonst der Spaß am Malen und Ausprobieren vergeht.

Eine große Gemeinde – Arbeitsbogen

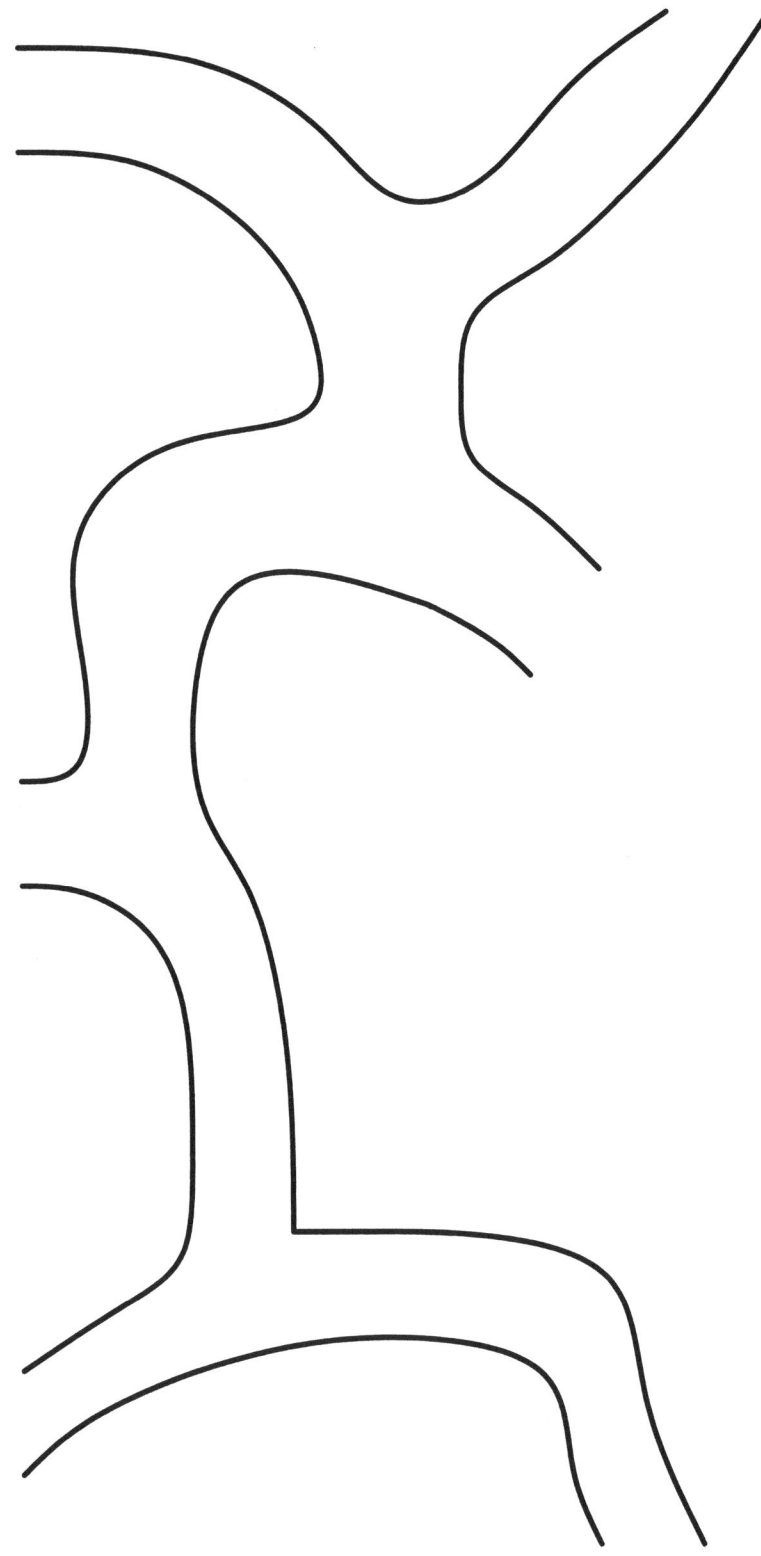

Eine große Gemeinde – Schnippelbogen

Der Friedhof – Lehrerinfo

Thematischer Zusammenhang
- Der Friedhof
- Die Gemeinde
- Sterben und Hoffen

Klassenstufe   *Zeitaufwand*
ab 3   45–60 Min.

Arbeitsmittel

- Pro Schüler/in je ein Arbeitsbogen »Der Friedhof« sowie ein Schnippelbogen.
- Farbstifte, Scheren und Kleber.

Durchführung

- Die Schüler/innen erhalten zunächst den Schnippelbogen »Der Friedhof – Schnippelbogen« und zeichnen in jedes Feld das passende Bild zu den Überschriften der Puzzleteile.
- Wenn alle Teile fertig gestaltet sind, werden die Puzzleteile ausgeschnitten.
- Anschließend erhalten die Schüler/innen den Arbeitsbogen. Auf diesem ordnen sie die Puzzleteile und kleben sie auf.

Lösung des Arbeitsbogens

Die Lösung des Arbeitsbogens befindet sich auf der folgenden Seite.

Variationsmöglichkeit(en)

- Ein *Puzzlespiel* herstellen: Der Schnippelbogen wird auf DIN A 3 vergrößert und auf dünnen Karton kopiert. Die Puzzleteile werden wie oben beschrieben erarbeitet und ausgeschnitten. Das Puzzle kann in einem Briefumschlag aufbewahrt werden.

- Eine *Exkursion zum Friedhof* machen: Es ist von Vorteil, wenn man vor der Bastelarbeit eine Exkursion zum Friedhof gemacht hat. Die Aufgabenstellung während der Exkursion ist es, möglichst viele Bestandteile eines Friedhofs zu entdecken, sowohl, was die Friedhofsanlage betrifft, als auch die Gestaltung der Gräber. Während dieser Exkursion schreiben und/oder zeichnen die Schüler/innen ihre Beobachtungen auf.
- Für ältere Schüler/innen: Ab Klasse 4 kann man auf den Arbeitsbogen verzichten. Die Schüler/innen können das Puzzle eigenständig lösen, wenn man ihnen sagt, dass das fertige Puzzle eine Kreuzform hat.

Praxistipp

Manche Schüler/innen möchten ihre Bastelarbeiten gerne verschenken. Das sollten sie ruhig tun dürfen. Doch leider kommen einige Schüler/innen in die Situation, dass ihr Geschenk nicht anerkannt wird. Sie hören zum Beispiel Kommentare wie »So einen Müll brauche ich nicht!« oder »Oh nein, nicht schon wieder ein Staubfänger!« – diesen Situationen gilt es, vorzubeugen, indem man seinen Schüler/innen folgendes nahe bringt:
Schenken kommt aus dem Herzen und das ist etwas sehr Gutes.
Jeder Mensch kann Zurückweisung erfahren, aber diese liegt nicht unbedingt an einem selbst.
Wenn du zurückgewiesen worden ist, dann mache dich auf die Suche nach Menschen, die dich nicht zurückweisen – es gibt sie!

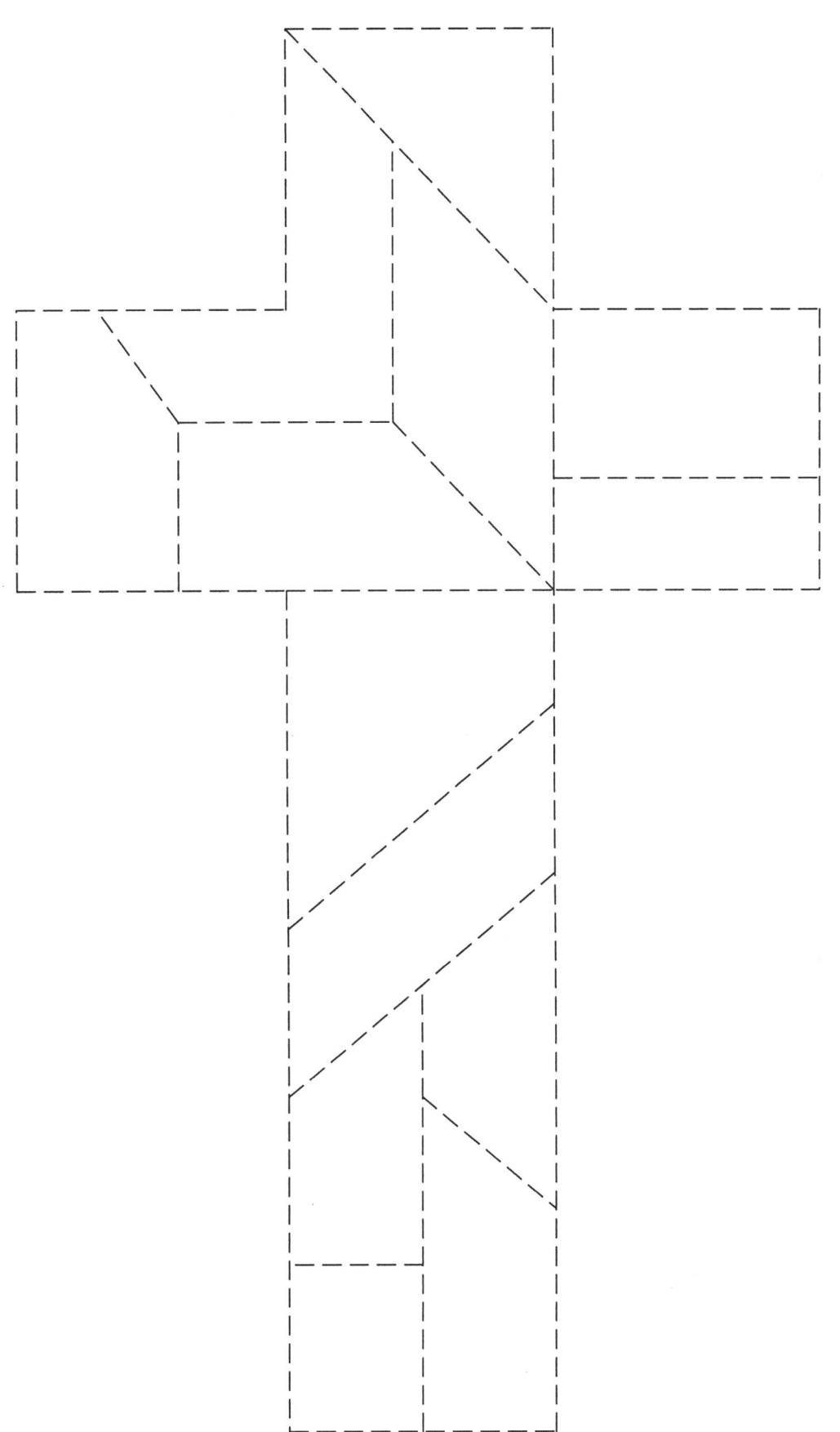

Der Friedhof – Schnippelbogen

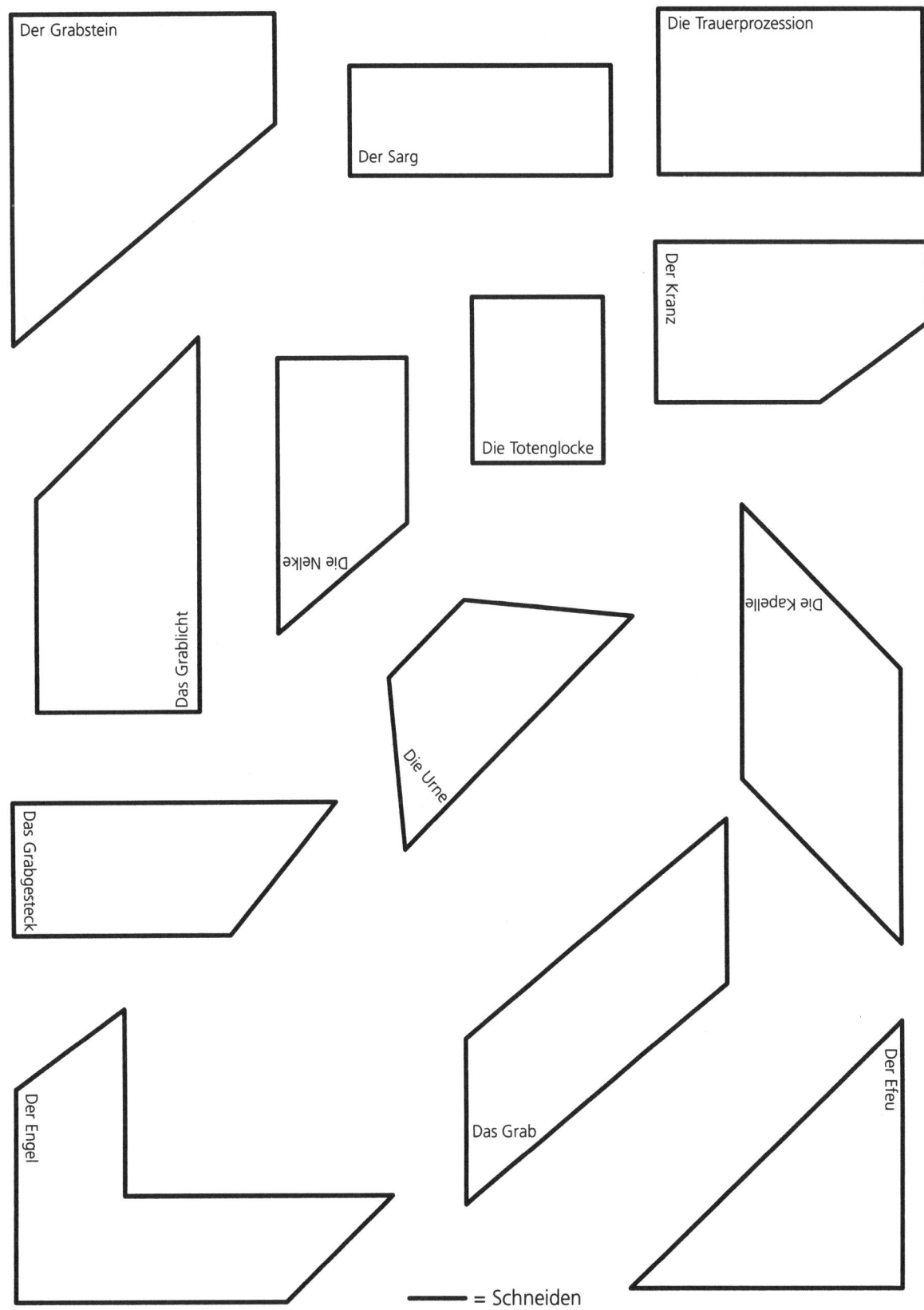

Der Grabstein

Der Sarg

Die Trauerprozession

Der Kranz

Die Totenglocke

Die Nelke

Das Grablicht

Die Urne

Die Kapelle

Das Grabgesteck

Der Engel

Das Grab

Der Efeu

= Schneiden

Der Friedhof – Lösung

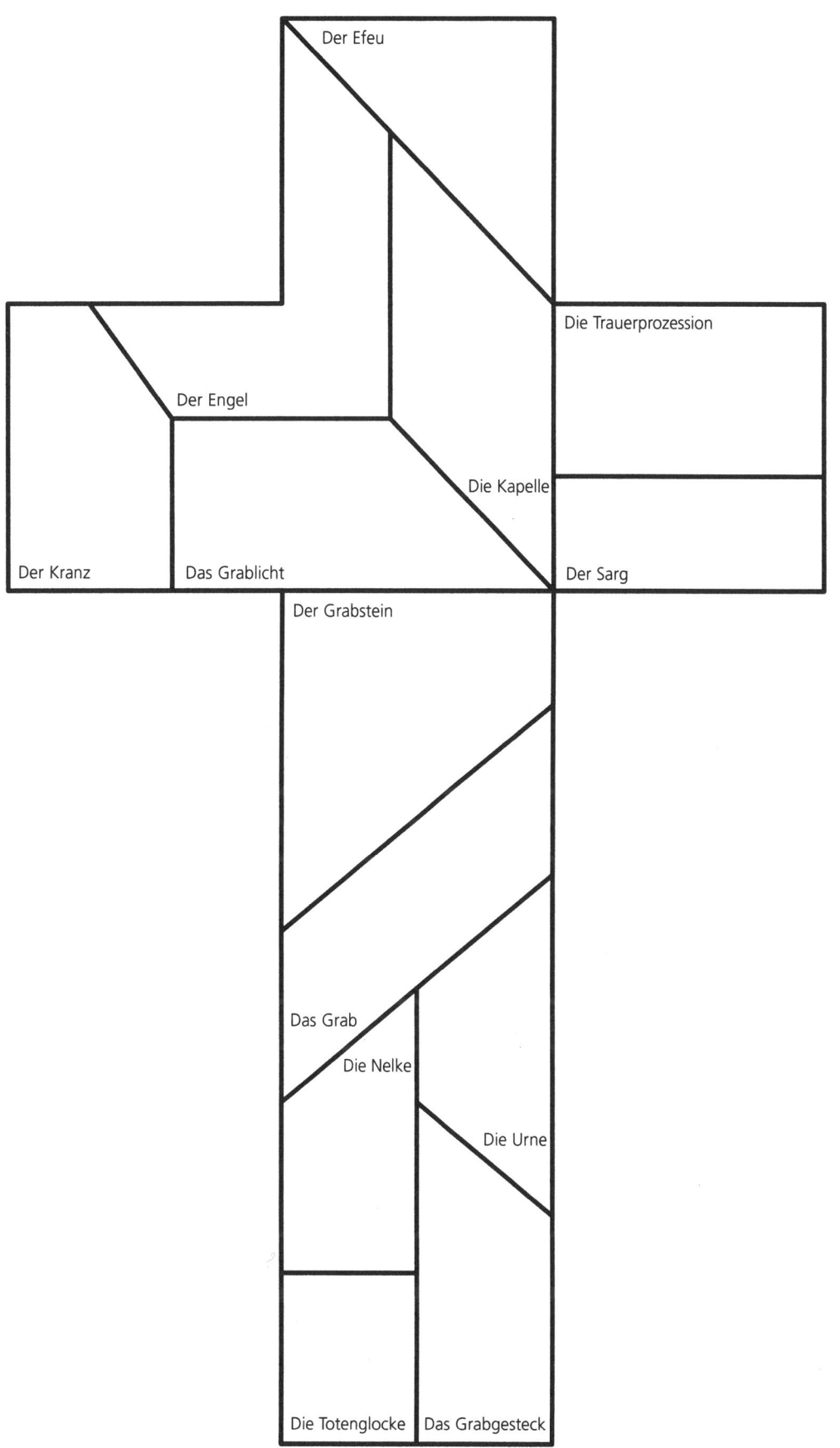

Der Lebensbaum – Lehrerinfo

Thematischer Zusammenhang
- Advent und Weihnachten
- Das Christentum und seine Symbole

Klassenstufe	*Zeitaufwand*
ab 1	45–60 Min.

Arbeitsmittel

- Nur für den Lehrer/die Lehrerin: Die Geschichte »Der Weihnachts-Lebensbaum« – Teile 1 und 2.
- Pro Schüler/in je ein Arbeitsbogen »Der Lebensbaum« und ein Schnippelbogen.
- Farbstifte, Scheren und Kleber.

Durchführung

- Vor dem Austeilen des Arbeitsbogens »Der Lebensbaum« und des Schnippelbogens wird die Geschichte vom »Weihnachts-Lebensbaum« vorgelesen und besprochen.
- Die Schüler/innen malen sowohl den Arbeitsbogen als auch die Bilder auf dem Schnippelbogen aus.
- Die Bilder auf dem Schnippelbogen werden ausgeschnitten und nach eigenem Geschmack auf dem Arbeitsbogen angeordnet und aufgeklebt.

Variationsmöglichkeit(en)

- Einen *echten Lebensbaum* herstellen: Wenn die Schüler/innen die nötigen Zutaten mitbringen, könnten sie (in Gruppenarbeit) einen echten Lebensbaum aufstellen: Ein paar Zweige, Draht oder Bindfaden, Christbaumschmuck und Schleifen genügen.
- Eine *Lebensbaum-Collage* herstellen: Die Schüler/innen erhalten nur den Arbeitsbogen und suchen sich die passenden Bildchen aus Katalogen und Prospekten. In diesem Fall könnte man den Arbeitsbogen auch zu Ostern einsetzen.

Praxistipp

Viele Schüler/innen erwarten ein Lob für ihre Arbeit. Doch wie lobt man richtig? Mit einem »Das hast du aber schön gemacht!« können die Schülerinnen und Schüler wenig anfangen. Ein ganz konkret gemeintes Lob ist da sinnvoller, da es sich auf die Sache bezieht und nicht auf das betreffende Kind.
Beispiele:
Du hast ein gutes Farbempfinden. – Du kannst sehr gut mit der Schere umgehen. – Ich freue mich, dass du deinem Klassenkameraden geholfen hast, den Aufhänger einzufädeln. Auf die gleiche Weise sollte man Kritik ausüben:
Mir gefällt es nicht, dass du den Kleber auf den Tisch tropfen lässt. – Bitte versuche, genau an der Linie zu falten, sonst ärgerst du dich hinterher, wenn deine Arbeit nicht gelingt.

Der Weihnachts-Lebensbaum – Teil 1

Die Schulglocke war noch nicht verklungen, da lief Annika auch schon den langen Korridor entlang. Ihr Schulranzen hing nur an einem Riemen auf der Schulter und schwang beim Laufen hin und her.

Annika hatte es heute besonders eilig nach Hause zu kommen. Sie wollte zusammen mit ihrem Bruder Marcel einen Adventskranz basteln. Einen ganz echten Adventskranz mit frisch geschnittenen Tannenzweigen, Wachskerzen, einem rotem Schleifenband und einem goldenen Stern.

Marcel und Annika hatten beschlossen, diesen Adventskranz ganz allein und ohne die Hilfe ihrer Mutter herzustellen. Beide hatten sie im letzten Jahr gut aufgepasst, wie man das macht, und schließlich war Annika im November neun Jahre alt geworden und hatte es gewiss nicht mehr nötig, sich bei jeder Kleinigkeit helfen zu lassen.

Zu Hause angekommen lief Annika schnurstracks in die Küche. Marcel war schon zu Hause und saß am Küchentisch vor seinem noch leeren Teller. Er war zwei Jahre jünger als Annika, sah aber älter aus, da er nur zwei Zentimeter kleiner war als seine Schwester.

»Na endlich«, rief er. »Bis du mal kommst, hätte ich dreimal drei Pfannkuchen verdrücken können.«

Annika setzte sich an den Tisch. Ihre Mutter versorgte sie mit frisch gebackenen Pfannkuchen. Die Kinder beeilten sich mit dem Essen. Nach dem Essen rief Annika: »Komm jetzt, Marcel, Mama hat schon alles zurechtgelegt.«

»Ich komme ja schon, Annika«, sagte Marcel. »Soll ich uns noch etwas zum Trinken mitbringen?«

»Das lass lieber sein, Sohnemann«, entschied Frau Senger, die Mutter der beiden. »Am Ende setzt ihr noch den Esszimmertisch unter Wasser. – Übrigens muss ich gleich los zum Zahnarzt. Aber ihr habt ja gesagt, dass ihr allein zurechtkommen werdet. Bis nachher also, meine Großen.«

Annika und ihr Bruder gingen ins Esszimmer. Der Esszimmertisch war mit Zeitungspapier abgedeckt. Die Tannenzweige auf dem Tisch verströmten einen schwachen weihnachtlichen Duft. Außerdem hatte die Mutter eine Drahtrolle, eine Drahtschere, vier dicke Wachskerzen und die restlichen Zutaten für den Adventskranz auf dem Tisch zurechtgelegt.

»Dann lass uns mal anfangen«, sagte Annika und krempelte sich die Ärmel hoch.

Marcel griff zur Drahtrolle und wickelte etwas Draht ab.

»Den Draht brauchen wir zuerst«, meinte er geschäftig. »Man muss ihn um die Zweige wickeln und nach und nach einen Kranz biegen.«

»Weiß ich doch auch«, sagte Annika, »am Besten nimmst du den Draht und wickelst ihn um die Zweige, die ich dir hinhalte.«

So machten sie es. Annika hielt die ersten beiden Tannenzweige zusammen und Marcel wickelte etwas Draht drumherum. Aber als Annika einen dritten Zweig an das Gebinde hielt, wickelte Marcel den Draht nicht um den Zweig, sondern um Annikas Handgelenk.

»So geht das nicht, Marcel. Du wickelst mich mit dem Draht ein.«

Marcel war beleidigt. »Und du reißt die ganzen Tannennadeln ab. Außerdem sehe ich nicht, wo ich wickeln soll, wenn du deine Hände immer vor meine Nase hältst.«

Normalerweise hätten die beiden Geschwister spätestens ab hier den größten Streit gehabt, aber Annika lenkte ein. Sie wollte mit dem Adventskranz fertig sein, wenn ihre Mutter vom Zahnarzt heimkam.

»Wir fangen noch einmal von vorne an«, sagte sie, »aber diesmal hältst du die Zweige.«

Der Weihnachts-Lebensbaum – Teil 2

Marcel war einverstanden. Er gab Annika die Drahtrolle und griff nach einem neuen Zweig. Doch dieser rieselte und unzählige Tannennadeln fielen auf den Tisch.

»Schau mal, Annika! Der Zweig ist jetzt ganz kahl!«

Bevor Annika ihren Bruder stoppen konnte, hatte er weitere Zweige gegriffen und schüttelte sie kräftig aus.

»Das macht aber Spaß!«, rief er und strahlte über das ganze Gesicht.

»Bist du verrückt geworden?«, schrie Annika. »Schau doch mal, was du angerichtet hast. Das machst du sauber, ich jedenfalls nicht!«

Tatsächlich waren die anderen Zweige auch schon trocken und durch das Schütteln hatten sie fast alle Nadeln verloren. Nicht nur auf dem Tisch lagen sie herum, auch auf dem Teppich, den Stühlen und sogar in Marcels Lockenkopf steckten sie.

»Das wollte ich nicht, Annika.« Marcel weinte, als er sie Bescherung sah, die er angerichtet hatte.

Wenn Annika ihren Bruder weinen sah, wurde sie immer schwach.

»Nicht so schlimm, wie es aussieht«, tröstete sie. »Jetzt machen wir erst einmal sauber und dann sehen wir weiter.« Sie sah sich die Zweige an. »Daraus können wir keinen Adventskranz mehr machen. Die Tannennadeln sind fast alle abgefallen.«

Nachdem Annika und Marcel mit Hilfe von Schaufel, Handfeger und Staubsauger die meisten Nadeln beseitigt hatten, setzten sie sich mit hängenden Schultern an den Tisch.

»Und nun?«, fragte Marcel kleinlaut.

»Lass mich mal überlegen.« Annika blickte grübelnd auf den Tisch. Es wäre doch gelacht, wenn man aus diesen Sachen nichts machen könnte.

»Ich hab's!«, rief sie plötzlich aus. »Im Frühling haben wir im Religionsunterricht ein Hungertuch mit einem Lebensbaum darauf besprochen. Da waren Vögel drauf, aber auch Menschen, Tiere und sogar Häuser. Unser Relilehrer hat gesagt, dass in manchen Gegenden zu Ostern Lebensbäume aufgestellt werden zur Erinnerung an die Auferstehung Jesu.«

»Aber das war doch zu Ostern«, wandte Marcel ein, »und wir feiern bald Weihnachten. Da denkt man nicht an die Auferstehung.«

»Stimmt, Marcel, aber man denkt an die Geburt Jesu. Und was hat mehr mit dem Leben zu tun als die Geburt eines kleinen Kindes?«

Wenn Annika eine Idee hatte, war sie nicht mehr zu bremsen. Mit Hilfe ihres Bruders und etlichen Metern Draht baute sie einen kleinen Baum aus den kahlen Tannenzweigen. Den stellten sie in einen Blumentopf, den sie mit Erde auffüllten. Mit dem roten Schleifenband befestigten sie eine bunte Christbaumkugel, einen kleinen Engel, ein Nikolaussäckchen und ein paar selbst gemalte Bilder an den Weihnachtslebensbaum. Auch die vier Kerzen konnten sie befestigen. Zum Schluss krönten sie den Lebensbaum mit einem goldenen Stern, den sie auf die Spitze des Baumes steckten.

Verschwitzt aber zufrieden trat Annika einen Schritt zurück und bewunderte ihr Werk.

»Sieht er nicht wirklich wunderschön aus?«, fragte sie versonnen.

Marcel nickte. Er konnte vor lauter Bewunderung nichts sagen. Plötzlich aber merkte er auf.

»Hast du gehört, Annika? Das war die Haustür. Mama ist zurück. Genau rechtzeitig.«

Er lief aus dem Esszimmer in den Hausflur.

»Mama!« rief er. »Mama, komm schnell, wir müssen dir etwas zeigen!«

Der Lebensbaum – Arbeitsbogen

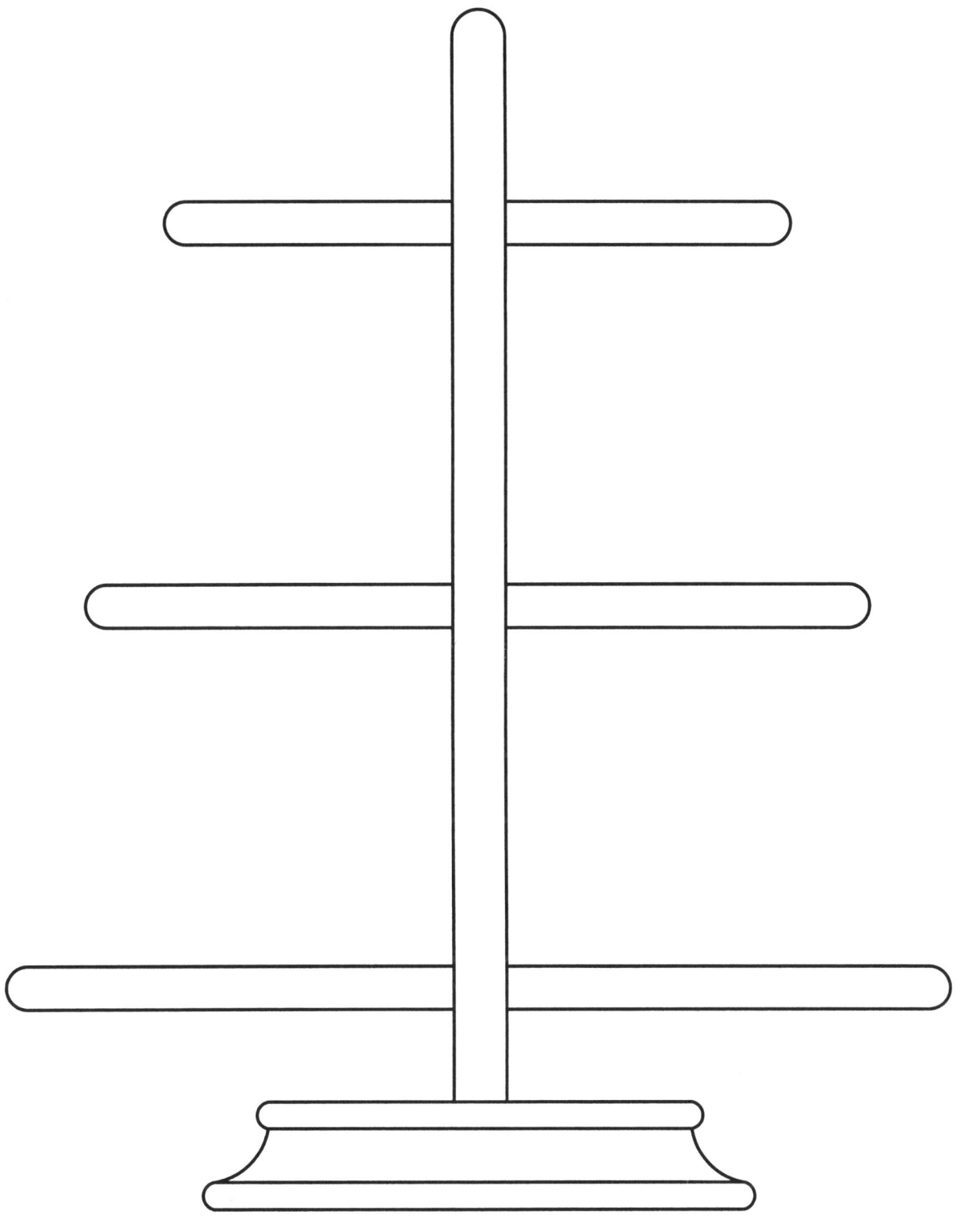

Der Lebensbaum – Schnippelbogen

Symbole: Die Tür – Lehrerinfo

Thematischer Zusammenhang
- Das Christentum und seine Symbole
- Geschichten aus dem Neuen Testament
- Gleichnisse und Bildworte aus der Bibel

Klassenstufe
ab 4

Zeitaufwand
45–60 Min.

Arbeitsmittel

- Pro Schüler/in je ein Arbeitsbogen »Symbole: Die Tür« und ein Schnippelbogen.
- Evtl. ein Klassensatz Bibeln.
- Schreib- und Farbstifte.
- Scheren (evtl. Schneidemesser) und Kleber.
- Evtl. je zwei Klebepunkte.

Durchführung

- Jeder Schüler/jede Schülerin erhält zunächst den Arbeitsbogen »Symbole: Die Tür«.
- Das Gleichnis wird gelesen und besprochen.
- Anschließend erhalten die Schüler/innen den Schnippelbogen. Sie malen den »Schafstall« aus.
- Auf die Linien des Textblattes schreiben sie den fehlenden Satz des Gleichnisses → siehe unten bei der Lösung. Den fehlenden Text suchen sich die Schüler/innen entweder aus der Bibel heraus (Joh 10,1–10) oder schreiben ihn von der Tafel ab.
- Auf das kleine Bildchen neben dem Textblatt zeichnen die Schüler/innen ein Schaf, das aus dem Fenster des Schafstalles schaut.
- Schließlich werden alle drei Teile des Schnippelbogens ausgeschnitten.
- Die Tür und das Fenster des Schafstalles werden mit einer spitzen Schere oder einem Schneidemesser vorsichtig aufgeschnitten und aufgefaltet.
- Hinter das Fenster wird das Schafbild geklebt und hinter die Tür das Textblatt. Dabei muss man darauf achten, dass die Tür- und Fensterflügel keinen Kleber abbekommen, damit man sie bewegen kann.

- Schließlich wird der fertig gebastelte Schafstall in den markierten Rahmen auf den Arbeitsbogen geklebt.
- Damit sich die Tür- und Fensterflügel nicht unschön aufbiegen, kann man sie mit je einem Klebepunkt fixieren.

Lösung des Arbeitsbogens

Text auf dem Textblatt des Schnippelbogens:
Ich bin die Tür; wer durch mich hineingeht, wird gerettet werden;
er wird ein- und ausgehen und Weide finden.

Variationsmöglichkeiten

- Ältere Schüler/innen könnten die gleiche Bastelarbeit selbst erarbeiten: Sie zeichnen auf ein weißes Blatt Papier (12 x 17 cm) einen Stall, der eine Tür und evtl. ein Fenster haben soll, die man öffnen kann. Hinter die Tür kleben sie das selbst entworfene Textblatt. Hinter das Fenster kleben sie das Bild eines Schafes. Der fertig gestaltete Stall wird in den Rahmen des Arbeitsbogens geklebt.

Praxistipp

Manche Lehrerinnen und Lehrer schaffen sich lieber einen Satz Scheren oder Kleber an, anstatt jahrelang vergeblich darauf zu warten, dass eines Tages alle Schüler/innen ihren Kram dabei haben. Schuleigenes Material sollte man unbedingt kennzeichnen und sowohl vor als auch nach dem Austeilen abzählen. An die Scheren könnte man farbige Bändchen binden und auf die Klebestifte einen Streifen Tesaband.

Symbol: Die Tür – Arbeitsbogen

Der gute Hirt als Gegenbild zu Dieben und Räubern (nach Joh 10,1–10)

Amen, amen, das sage ich euch:
*Wer in den Schafstall nicht durch die **Tür** hineingeht, sondern anderswo einsteigt,*
der ist ein Dieb und ein Räuber.

Wer aber durch die **Tür** hineingeht, ist der Hirt der Schafe.

*Ihm öffnet der **Tür**hüter und die Schafe hören auf seine Stimme.*
Er ruft die Schafe, die ihm gehören, einzeln beim Namen und führt sie hinaus.
Wenn er alle seine Schafe hinausgetrieben hat, geht er ihnen voraus
und die Schafe folgen ihm; denn sie kennen seine Stimme.

Einem Fremden aber werden sie nicht folgen, sondern sie werden vor ihm fliehen,
weil sie die Stimme des Fremden nicht kennen.

Dieses Gleichnis erzählte ihnen Jesus; aber sie verstanden nicht den Sinn dessen, was er ihnen gesagt hatte.
Weiter sagte Jesus zu ihnen:

*Amen, amen, ich sage euch: Ich bin die **Tür** zu den Schafen.*
Alle, die vor mir kamen, sind Diebe und Räuber; aber die Schafe haben nicht auf sie gehört.

Der Dieb kommt nur, um zu stehlen, zu schlachten und zu vernichten.

Hier das Bild von der Tür einkleben.

Symbole: Die Tür – Schnippelbogen

Der Schafstall

─────── = Schneiden

--------- = Falten

Textblatt (hinter das geöffnete Tor kleben)

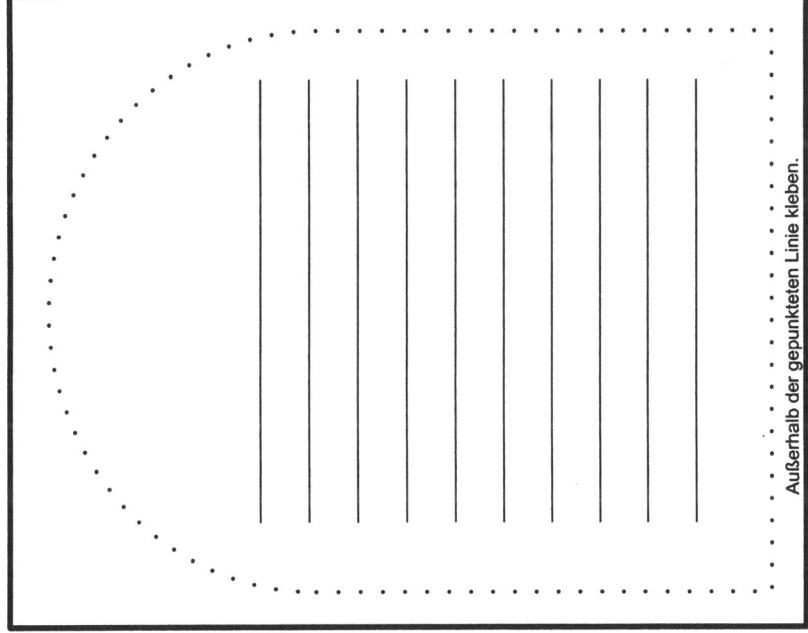

Außerhalb der gepunkteten Linie kleben.

Bild (hinter das geöffnete Fenster kleben)

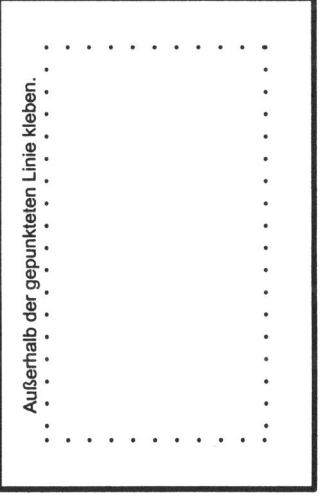

Außerhalb der gepunkteten Linie kleben.